VOCÊ PODE NADAR EM DINHEIRO

VOCÊ PODE NADAR EM DINHEIRO

JEN SINCERO

COMO DEFINIR UMA BUSCA SAUDÁVEL PELA RIQUEZA

TRADUÇÃO
CLÓVIS MARQUES

Título original
YOU ARE A BADASS AT MAKING MONEY
Master the Mindset of Wealth

Copyright © 2017 *by* Good Witch LLC

Proibida a venda em Portugal, Angola e Moçambique.

BICICLETA AMARELA
O selo de bem-estar da Editora Rocco Ltda.

Direitos para a língua portuguesa reservados
com exclusividade para o Brasil à
EDITORA ROCCO LTDA.
Av. Presidente Wilson, 231 – 8º andar
20030-021 – Rio de Janeiro – RJ
Tel.: (21) 3525-2000 – Fax: (21) 3525-2001
rocco@rocco.com.br | www.rocco.com.br

Printed in Brazil/Impresso no Brasil

Preparação de originais
VIVIANE IRIA

CIP-Brasil. Catalogação na fonte.
Sindicato Nacional dos Editores de Livros, RJ.

623v Sincero, Jen
Você pode nadar em dinheiro: como definir uma busca saudável pela riqueza / Jen Sincero; tradução de Clóvis Marques. – 1ª ed. – Rio de Janeiro: Bicicleta Amarela, 2019.

Tradução de: You are a badass at making money
ISBN 978-85-68696-70-5
ISBN 978-85-68696-72-9 (e-book)

1. Finanças pessoais. 2. Educação financeira. 3. Investimentos. 4. Técnicas de autoajuda. I. Marques, Clóvis. II. Título.

19-58510   CDD-332.024   CDU-330.567.2

Vanessa Mafra Xavier Salgado – Bibliotecária – CRB-7/6644
O texto deste livro obedece às normas do Acordo Ortográfico da Língua Portuguesa.

Para Gina DeVee, cuja sábia orientação, amizade leal e estímulo permanente me fizeram sair da garagem e conhecer uma realidade financeira totalmente nova.

SÚMARIO

Introdução — 9

Capítulo 1. Permissão — 17

Capítulo 2. Por que você não está nadando em dinheiro. Ainda. — 32

Capítulo 2A. Minúsculo, mas importantíssimo capítulo sobre a Inteligência Universal — 53

Capítulo 3. Onde está o dinheiro? — 61

Capítulo 4. O melhor a fazer para se liberar — 72

Capítulo 5. O clamor do coração — 89

Capítulo 6. Sua fábrica de dinheiro mental — 108

Capítulo 7. A fé e o ouro da gratidão — 135

Capítulo 8. Agir decisivamente: A escolha dos campeões — 148

Capítulo 9. Seguindo em frente — 165

Capítulo 10. E agora, umas palavrinhas do meu contador... — 182

Capítulo 11. Sua riqueza interna — 203

Capítulo 12. Tenacidade — 218

Capítulo 13. A mudança gosta de companhia — 233

Agradecimentos — 239

INTRODUÇÃO

Se você estiver realmente disposto a ganhar mais dinheiro, será capaz. Não importa quantas vezes tentou e fracassou, nem se está tão falido que precisa vender seus fluidos corporais para pagar a passagem de ônibus, nem quantas vezes teve de fingir surpresa e indignação no caixa, sob olhares de desaprovação: "Tem certeza? *Recusado?!* Não pode ser. Quer tentar mais uma vez?" Por mais que lhe pareça delirante no momento, você pode ganhar muito dinheiro. Dinheiro até para comprar uma casa e um dente de ouro para todos os entes queridos, se for o que realmente quiser.

Quero deixar claro também que não há nada de terrivelmente errado com você se até hoje não descobriu como fazê-lo. Dinheiro é um dos assuntos mais complicados que existem — nós o amamos, nós o odiamos, somos obcecados pelo dinheiro, ignoramos o dinheiro, nos ressentimos do dinheiro, acumulamos dinheiro, desejamos ardentemente dinheiro, falamos mal do dinheiro; o dinheiro está sempre tão carregado de desejo e vergonha, e das coisas mais estranhas, que é mesmo de espantar que sejamos capazes de pronunciar a palavra em voz alta, quanto mais sair por aí ganhando dinheiro a rodo. (E eu até me pergunto: você terá coragem de ler este livro em público? Deixando todo mundo ver o título?)

Tudo isso me lembra muito a maneira como fomos condicionados a lidar com o sexo, outra medalha de ouro na Maratona de

Assuntos que Deixam Todo Mundo Apavorado. Na hora do sexo e de ganhar dinheiro, você tem de saber o que está fazendo e se sair muito bem, mas ninguém lhe ensina nada sobre o assunto; e, por outro lado, você não deve falar a respeito, pois é embaraçoso, sujo, meio vulgar. Tanto o dinheiro quanto o sexo podem proporcionar prazeres inimagináveis, gerar vida e levar à violência e ao divórcio. Ficamos com vergonha quando não temos qualquer um dos dois, temos ainda mais vergonha de reconhecer que queremos, aceitamos coisas/pessoas de que não gostamos realmente para consegui-los, e eu sei perfeitamente que não sou a única (ou será que sou?) que já se pegou fantasiando que estava sentada num banco do Central Park e apareceu um estranho vestido de Batman para oferecer um pouco de um dos dois.

A boa notícia é que se você, como a maioria das pessoas, tem uma relação complicada ou conflituosa com o dinheiro, sempre poderá tratá-la, transformá-la e tornar-se tão camarada do dinheiro que um belo dia vai acordar plantado bem no meio da vida que sempre quis levar. E pode começar a fazer essa mudança agora mesmo. Precisa apenas descobrir o que o está impedindo, fazer novas e decisivas escolhas a respeito do que de fato merece sua atenção, passar a ser mais safo em relação ao dinheiro e partir para cima como se nunca o tivesse feito antes. E é o que este livro o ajudará a fazer.

Pessoalmente, eu transformei minha realidade financeira de maneira tão rápida e definitiva que todos aqueles que me conhecem bem até hoje se perguntam que diabos pode ter acontecido. E pode acreditar quando digo que, se euzinha aqui fui capaz, você também é, por mais vacilante e sem esperanças que se sinta no momento. Pois até entrar na faixa dos quarenta, eu sabia exatamente zero sobre como ganhar dinheiro. Na faixa dos quarenta! Uma idade em que a maioria das pessoas tem imóveis e investimentos para a universidade dos filhos e algum conhecimento, ainda que básico, de como funciona o Dow Jones. Pois eu, aos quarenta, tinha uma conta bancária absolutamente estéril, uma profunda ruga dupla de estresse entre as sobrancelhas e suficiente intimidade com Sheila, do escritório de cobranças, para tratá-la por você.

INTRODUÇÃO

Trabalhei como escritora independente a maior parte da minha vida adulta, sempre em busca de trabalho e sendo remunerada com valores quase insultuosos, considerando o tempo consumido e o desafio que a atividade representava. Se tivesse feito as contas, eu teria constatado o preço dessa independência, mas optei por negar a realidade dos fatos, trabalhar mais, reclamar mais e, sabe como é, ficar na esperança de que, num passe de mágica, ganharia na loteria ou seria atropelada por algum ricaço que se veria obrigado a cuidar de mim pelo resto da minha vida. Meu plano perfeito para me livrar dos problemas financeiros resultava, em parte, dos muitos preconceitos em relação ao dinheiro (dinheiro é coisa ruim, os ricos são nojentos, não tenho a menor ideia de como ganhar, e não teria a menor ideia de como gastar ainda que ganhasse etc.) e também do fato de estar presa num perpétuo estado de indecisão. Eu sabia que era escritora e também sabia que não queria apenas ficar o dia inteiro sentada de roupão no quarto digitando, só não sabia o que queria de fato realizar. Em vez de simplesmente fazer alguma escolha e ver no que dava, preferia ficar roendo as unhas até sair sangue e chafurdar no lodaçal do Não Sei que Diabos Fazer da Vida. Isso, durante anos. Décadas. Muito doloroso mesmo. E arrasador. E definitivamente paralisante. Era como eu levava a vida na avançada idade de quarenta anos, morando numa garagem adaptada, num beco, com medo de precisar ir ao dentista e permanentemente me superando na mediocridade financeira da seguinte maneira:

- Comendo/bebendo/enchendo os bolsos com qualquer coisa que fosse de graça, independentemente de realmente gostar ou não, precisar ou não.

- Andando incontáveis quarteirões de chinelo para economizar e não pagar estacionamento.

- Usando fitas de vedação, em vez de recorrer a profissionais, para consertar canos vazando, sapatos arrebentados e ossos quebrados, por exemplo.

- Encontrando os amigos num restaurante para jantar, pedindo um copo d'água, "pode ser da bica mesmo, adoro a água corrente aqui da cidade", para em seguida explicar ao pessoal que "não estou realmente com fome, na verdade estou empanzinada", até que chega a cesta de pão, que desaparece por inteiro na minha boca num piscar de olhos.

- Tendo de optar entre telefone em casa ou plano de saúde.

- Passando um tempo interminável comprando qualquer coisa - desde uma televisão a uma colcha, até por uma colher de pau - para poder investigar até o fim todas as possíveis alternativas mais baratas, uma liquidação que estivesse por vir, um cupom de desconto ou me perguntar: "Será que eu mesma não poderia fazer isso?"

Se o tempo e a energia que eu gastava apavorada por não ter dinheiro, cortando gastos, cavando pechinchas, barganhando, pesquisando, devolvendo, pedindo reembolso, fazendo resgates, aproveitando, abatendo, tivessem sido usados para de fato ganhar dinheiro, eu teria começado muito antes a dirigir um carro com limpador de para-brisas funcionando.

Esse negócio de ganhar dinheiro não tem a ver com não precisar mais ser criterioso nem com estar bem informado ao fazer compras ou curtir uma boa liquidação, ou se encher de pão. Tem a ver com dar a si mesmo as alternativas e a permissão de ser, fazer e ter o que quer que lhe dê na veneta, em vez de agir como vítima das próprias circunstâncias. Tem a ver com não fingir que está tudo bem, "adoro dividir o quarto com mais três pessoas, nenhuma delas capaz de usar um esfregão ou uma maldita vassoura", em vez de se concentrar em ganhar mais dinheiro para poder ter sua própria casa, por medo de ser julgado ou não ser capaz, ou ser difícil demais, ou não ser divertido, ou não estar ao seu alcance. Tem a ver com gerar a riqueza que lhe permita levar a vida que

INTRODUÇÃO

gostaria de levar, em vez de se conformar com o que acha que é capaz de conseguir.

A capacidade humana de racionalizar, ficar na defensiva e aceitar os dramas autoimpostos é absurda. Especialmente por termos em nós a competência de escolher e criar realidades boas demais. É o que vemos a todo momento com pessoas mantendo relacionamentos infelizes ou mesmo abusivos: "Ele fica tão abatido e arrependido quando me trai. Fico de coração partido. Além do mais, o sexo da reconciliação é o máximo!" É o que vemos quando as pessoas insistem em permanecer em empregos que detestam: "Eu fico chorando na escada na hora do almoço, de tão infeliz. Mas o plano de saúde é incrível." Enquanto isso, a alma e o tempo dessas pessoas na Terra estão rapidamente descendo pelo ralo.

•••••••••••••••••••••••••••••••••••••••
O tempo desperdiçado racionalizando
o medíocre poderia ser tempo investido
gerando o maravilhoso.
•••••••••••••••••••••••••••••••••••••••

Você tem uma breve e gloriosa oportunidade de ser aquele que você é no planeta Terra, e a capacidade de criar a realidade que bem quiser. Por que não ser o maior, mais feliz, mais generoso e plenamente realizado humanoide que você pode ser?

Depois de mais de quarenta anos de luta, eu finalmente não conseguia mais me aguentar repetindo meus mantras de sempre, "Isso não é para mim" e "Não sei o que quero fazer", ou continuar vivendo em lugares tão sórdidos e apertados que podia sentar no vaso sanitário, atender à porta e fritar um ovo ao mesmo tempo. (Era como viver num barco. Ou debaixo de um cogumelo.) Não conseguia mais ver todo mundo arrasando, ganhando dinheiro à beça e fazendo o que é bom fazer, convidando os amigos para jantares sofisticados, fazendo doações acompanhadas de um bilhete de agradecimento a instituições de caridade, viajando pelo mundo luxuosamente, vestindo roupas que nenhum estranho tinha usado antes — basicamente, levando a vida que eu queria levar. Eu não era menos inteligente, nem menos talentosa, charmosa, ou menos bem-vestida... Que diabos haveria então comigo? O que eu estava *esperando?* Por mais que eu me queixasse ou perdesse as estribeiras, ou tentasse me convencer de que minha vidinha sem graça do momento era o máximo que eu poderia, deveria ou conseguiria alcançar, bem lá no fundo sabia que estava destinada a algo maior, e que queria isso. Ficava toda empolgada quando me falavam do emprego legal de alguém como jornalista internacional ou quando me postava diante de uma mansão à beira-mar, pensando: *Isso mesmo! Podia ser minha!* E em vez de usar essa empolgação para entrar em ação, eu imediatamente começava a tentar me convencer a desistir. *O fato é que nunca escrevi tão bem assim para mostrar que posso ser uma boa jornalista. Nem tenho tanta certeza de que é o que quero fazer. Além do mais, tenho um gato. Jamais seria capaz de sair viajando pelo mundo e deixar Mister Biggins sozinho.* Embora ficar parada onde eu estava fosse mais fácil e menos arriscado do que me expor, também me dava uma sensação horrível. Era como se eu estivesse me traindo, uma fraca, vacilante, negando a mim mesma tantas oportunidades maravilhosas, me arrastando num grande ronco pela vida. Pois era mesmo, basicamente, como eu estava agindo.

A consciência de que eu podia fazer muito melhor, mas não estava fazendo, finalmente se tornou tão terrivelmente insuportável que levantei o traseiro da cadeira e tomei a decisão ou-vai-ou--racha: superar meu medo e meu ódio pelo dinheiro e descobrir maneiras de ganhar algum. E me dar permissão para fazê-lo de um modo que talvez não fosse perfeito, mas que pelo menos parecesse acertado, em vez de me agarrar ao mais fácil, por pura insegurança. Não houve nenhum momento de estrondosa revelação; não escapei de morte quase certa num incêndio na cozinha nem fui abandonada pelo amor da minha vida por ser uma derrotada, nem tive nenhuma epifania do tipo "sai dessa enquanto é tempo!".

INTRODUÇÃO

Simplesmente, de uma hora para outra, não aguentava mais me ouvir reclamando. Apenas acordei, finalmente. Que é como se manifesta na maioria das pessoas o desejo de mudanças radicais.

Os saltos que eu teria de dar para me catapultar daquela minha realidadezinha de segurança muitas vezes eram aterradores e descomunalmente desafiadores. Por exemplo, investi uma quantia alarmante na montagem de um negócio on-line: cursos, contratação de coaches, montagem de um site, posar para fotos que não fossem tiradas pelo meu próprio braço direito etc. Corria o risco de parecer uma idiota ou uma impostora, pois esse novo negócio estava todo voltado para o treinamento de outros escritores, e eu nunca havia treinado um escritor. Corria o risco de perder a já mencionada quantia assustadora na montagem de um negócio on-line, pois não sabia nada de gestão de negócios on-line. Nem de negócios off-line, para dizer a verdade. O simples fato de dizer a alguém que estava com um maldito negócio parecia ridículo. Parecia que eu estava fingindo, como se estivesse brincando de fazer negócios, até alguém me pôr contra a parede: *Brincadeirinha! Não é nada disso! Nem sei o que eu estou fazendo aqui!*

Por mais assustador que fosse cada passo, contudo, nem de longe era tão doloroso quanto estar o tempo todo me perguntando como é que eu ia conseguir saldar os créditos universitários ou ficar com a sensação de que estava desperdiçando minha vidinha de nada, sabendo que podia estar me saindo muito melhor. Hoje, não só estou ganhando na casa dos sete dígitos como orientadora e escritora de sucesso, como estou escrevendo um livro sobre como ganhar dinheiro. Eu, Jen Sincero, que costumava furtar em lojas e catar moedas debaixo de almofadas de sofás (sofás de outras pessoas) — tão inimaginável quanto meu pai, nos seus noventa anos, se transformar da noite para o dia numa sensação no *Dancing with the Stars*. E ainda escrever um livro a respeito. Milagres. Acredito em milagres.

Uma das coisas mais legais de que me lembro, uma vez tomada a decisão pragmática de botar meu cocô financeiro num saquinho, foi a rapidez com que novas oportunidades, ideias e fontes de renda começaram a aparecer na minha vida. Claro que estavam lá o tempo todo, só que eu estava ocupada demais recortando cupons e prestando atenção no meu tédio. Mas quero que você saiba que dispõe agora mesmo de tudo de que precisa para começar a transformar sua realidade financeira em algo que não o faça acordar gritando no meio da noite. Precisa apenas dispor-se a fazer o necessário. E aqui está o necessário: aceitar sentir-se muito, mas muito, muito, muito desconfortável. E muitas e muitas vezes.

Fomos todos criados na crença de que é indispensável trabalhar muito para ganhar dinheiro, e de fato há momentos em que isso é verdade. Mas o verdadeiro segredo está em assumir riscos gigantescos, muito incômodos. Temos de fazer coisas que nunca fizemos antes, nos expor, admitir nossa falta de jeito, correr o risco de parecer imbecis. Temos não só de reconhecer que desejamos criar riqueza e nos comprometer nesse sentido como, acima de tudo, nos permitir fazer exatamente isso. Assumir riscos é desconfortável, mas é o tipo de desconforto que tem duas faces equivalentes, ansiedade e euforia. Medo e entusiasmo são dois lados da mesma moeda, exatamente a espécie de desconforto de que estou falando. Também conhecido como injeção de adrenalina, é aquele desconforto crítico e emocionante de viver bem e no comando.

Minha esperança é que você leia este livro repetidas vezes e faça tudo o que ele diz, que dê ouvidos ao clamor do seu coração, e não a suas dúvidas e medos, que se disponha a constantemente saltar com coragem no desconhecido. Tenho visto incontáveis clientes, amigos e pessoas que encontro em festas lutando e sofrendo tanto por causa de dinheiro que é como ver gente morrendo de fome tendo à disposição no salão ao lado um bufê. O dinheiro que você deseja está aqui à sua espera. As oportunidades, os clientes, os instrutores, as brilhantes ideias geradoras de dinheiro, está tudo aqui, agora mesmo, esperando que você desperte, abra as portas e dê início à festa.

CAPÍTULO 1

PERMISSÃO

Uma amiga minha tem uma grande coleção de corujas. A coisa começou certa tarde, quando ela inocentemente comprou uma coruja de madeira na presença da mãe. "Hummm, não é uma gracinha?" A mãe, por sua vez, avisou a família inteira, a notícia se espalhou como fogo de pólvora e minha amiga hoje é a horrorizada proprietária de luvas de panela com corujas, relógios de coruja, brincos de coruja, chinelos de coruja, camisetas com imagens de coruja, travesseiros bordados de coruja, sabonetes de coruja... Nos aniversários, ocasiões festivas, formaturas, o temido animal pousa nas suas prateleiras, ocupando suas paredes, saindo dos seus armários — parece um filme de terror.

"Não sei como a situação chegou a esse ponto", queixou-se ela um dia, ao desembrulhar uma pequena tapeçaria de parede presenteada pela cunhada, com a inscrição *As corujas sempre são amigas*. O cenário se prolongou durante anos, até que ela conseguiu reunir coragem para acabar com aquilo, agradecendo muitíssimo a todo mundo, mas declarando que a partir dali seu mundo seria considerado zona livre de corujas. Os amigos e a família ficaram surpresos, magoados e indignados, e embora o massacre finalmente tivesse acabado, eles passaram a tratá-la como se tivesse perdido o juízo. "Tudo bem, se é assim que você quer, mas..."

As pessoas adoram nos dizer o que devemos ou não devemos querer, sem se importar com o que pensamos ou sentimos a respeito. Pior ainda, nós somos tão flexíveis que, ao dar ouvidos a essas pessoas por algum tempo, acabamos convencendo *a nós mesmos* do que devemos ou não querer, independentemente de como nos sentimos lá no fundo. Se não tomarmos cuidado, podemos ficar presos durante anos, ou a vida inteira, em situações que nos causam sofrimento, pois preferimos até defender essas inverdades para não contrariar nem decepcionar alguém, inclusive nosso crítico interno. Preferimos fazer o que esperam de nós a nos permitir ser, fazer e ter o que parece bom, certo e maravilhoso.

Por exemplo, quando fiz uma das minhas primeiras tentativas de me arrastar para fora do meu buraco financeiro, acabei rastejando de volta para dentro dele, embora quisesse tão desesperadamente sair dali. Essa experiência estava ligada a um livro intitulado *A ciência de ficar rico*, de um sujeito da velha-guarda chamado Wallace Wattles. Não lembro que motivo me levou finalmente a lançar mão desse livro, pode ter sido qualquer coisa — talvez quando meu gato precisou levar pontos e eu não podia pagar por um veterinário, mas ao mesmo tempo não era capaz de costurá-lo eu mesma. Ou quem sabe quando não conseguia mais virar a cabeça para a esquerda e decidi que estava na hora de parar de dormir no futon da faculdade e arrumar um colchão de verdade. Ou terá sido quando inadvertidamente presenteei com um par de castiçais a mesma pessoa que os havia presenteado a mim, e jurei que a partir daquele momento só daria presentes comprados? O que de fato lembro, palavra por palavra, é a primeira frase do livro. Pois no momento em que sentei para ler na minha sala de estar/cozinha/sala de jantar/quarto/quarto de hóspedes, a primeira frase do livro saltou da página e colou bem no meu olho, me insultando até o fundo d'alma. Dizia o seguinte: *O que quer que se possa dizer em favor da pobreza, o fato é que não é possível levar uma vida realmente completa ou bem-sucedida se não for rico*. Caramba! Wattles! Quantas pessoas são pobres e felizes e se sentem completas e bem-sucedidas!

O fato de eu mesma ser pobre, e, portanto, não me sentir nem de longe bem-sucedida nem completa, aparentemente não tinha nada a ver. O que interessava era que eu tinha passado a vida inteira arrogantemente insistindo em que ser rico era algo nojento e superestimado, e não ia recuar assim tão facilmente, por mais dura que tivesse de permanecer para provar minha tese. Eu podia aceitar a ideia de ganhar mais dinheiro, mas dizer que a pessoa tem de ser rica? Era inaceitável. Fiquei tão revoltada com o fato de Wattles ser um ignorante dessa ordem que não só fechei o livro imediatamente e fiquei anos sem pegá-lo de volta (quando afinal ele... Bem, simplesmente mudou minha vida) como também continuei nos anos seguintes praticamente sem ganhar dinheiro.

O que houve foi que continuei batalhando, pegando aqui e ali um ou outro trabalho mal remunerado, escrevendo artigos, prestando serviços, bancando a ama-seca, tricotando, tentando vender o que tricotava etc. Por mais torturante e completamente *tão-cedo--não-vai-ficar-rica* fosse meu plano, e por mais que consumisse meu tempo (exemplo: custo da linha + tempo necessário para tricotar um kaftan + cobrar qualquer preço abaixo de cinco mil dólares pelo dito kaftan = realmente não vale a pena), aparentemente ainda era melhor para mim continuar fazendo as coisas como fazia do que trabalhar minhas crenças negativas sobre dinheiro e mudar o que estava realizando. Eu estava mais apegada a minhas verdades sobre o mal representado pelo dinheiro e minhas crenças sobre minha capacidade — e meu direito — de ganhar dinheiro do que ao meu desejo de não precisar mais fazer as compras da despensa na vendinha barata da esquina.

Na minha longa experiência de ranheta falida e com meus muitos anos de treinamento de incontáveis pessoas na questão da riqueza, descobri que poucas coisas fazem o pessoal querer brigar, vomitar ou pedir o dinheiro de volta como dizer que é preciso ser rico para ser bem-sucedido e completo.

> Um dos maiores obstáculos para se ganhar muito dinheiro não é a falta de boas ideias ou oportunidades ou tempo, ou o fato de sermos relaxados ou burros demais, mas o fato de não nos darmos permissão para ficar ricos.

Quantas vezes e mais vezes vejo gente protestando que, no fim das contas, o mais importante é estar com os entes queridos, contemplar o pôr do sol, alegrar-se com o riso das crianças, ajudar velhinhas a atravessar a rua e outras coisas que o dinheiro não compra, e não vou discutir, mas apenas pergunto: por que diabos começam sempre a falar dessas coisas quando estamos discutindo a questão de ganhar dinheiro? Quando foi que a coisa se transformou numa situação ou isso/ou aquilo? Se você também está em busca da riqueza, não quer dizer que nunca mais vai participar de um churrasco com a família, segurar um cachorrinho ou caminhar descalço na praia. Na verdade, se estiver nessa busca de um jeito certo, poderá dedicar ainda *mais* tempo a esses prazeres. E fazê-lo com elegância! Para não falar da possibilidade de pagar a gasolina para encher o tanque do carro e chegar ao churrasco de família, comprar os cachorros-quentes, aparecer com belas roupas e se maravilhar com os famosos truques de cartas do tio Carl sem se preocupar com suas dívidas ou de que jeito vai pedir-lhe um empréstimo para pagar o aluguel do mês, assim que ele tiver entornado umas cervejas.

Todo mundo chega a esse planeta com desejos, dons e talentos únicos, e, na jornada pela vida, nossa função é descobrir quais são os nossos, cultivá-los e nos transformar na versão mais autêntica, feliz e descolada de nós mesmos. Para isso, sendo um ser humano na sociedade moderna, no planeta Terra, você precisa ser rico. E quero aqui esclarecer o que significa rico, no caso, para você não ficar pensando que estou dizendo que sua vida não vale nada se não incluir uma mansão e um iate:

RICO: capaz de acesso a todas as coisas e experiências necessárias para vivenciar plenamente sua vida mais autêntica.

Embora o volume de dinheiro necessário dependa de quem você é e o que deseja, de graça é que não dá. Não dá mesmo. Vivemos num mundo no qual, queiramos ou não, quase tudo que diz respeito a nosso crescimento, à busca da felicidade e à autoexpressão custa dinheiro. Se você for um pintor, por exemplo, sua riqueza pode estar voltada para itens como tintas, telas, pincéis, um estúdio, viagens a lugares que o inspirem e deem ideias, jantares com amigos e outros artistas para alimentar a energia e a inspiração, contratação de uma empresa de relações públicas, alguém para passear com seu cachorro para que você possa trabalhar, um coach pessoal, um DJ na sua vernissage, compra de entradas em museus, de alimentos saudáveis, música, aulas, óculos e de um boné.

O que você precisa é um tema muito delicado, carregado de culpa, confusão e medo, e a única pessoa capaz de dizer o que você realmente precisa para ser sua versão mais feliz é você mesmo. O negócio é conseguir clareza em meio à infindável torrente de opiniões, sejam internas ou externas. Por exemplo, você pode ter tido uma experiência semelhante a esta: esteve na casa sensacional de um conhecido e saiu pensando: *Também quero uma casa com som em todos os ambientes! Como é que pude viver sem isso até agora?* E visitar logo depois uma amiga que está vestindo as mesmas roupas que usava na faculdade há mais de vinte anos, dirigindo o mesmo carro caindo aos pedaços e ouvindo o mesmo estéreo ferrado, pois está perfeitamente satisfeita com o que tem; para que então gerar mais desperdício jogando essas coisas fora para trocar por outras melhores? E de repente você se sente profundamente culpado por desejar um equipamento de som de última geração com alto-falantes até na lavanderia.

Haverá sempre opiniões e informações conflitantes quando você tiver de tomar qualquer decisão na vida, o que se aplica especialmente no caso de algo tão polêmico quanto o dinheiro. Dependendo da maneira como fomos criados, da sociedade na qual crescemos e das pessoas de que nos cercamos, nossa mente pode estar repleta de ideias que nos levam a acreditar em qualquer coisa, desde a importância decisiva de ganhar muito dinheiro para se equiparar aos vizinhos até a necessidade de viver de migalhas e dormir numa esteira de acampamento para ser uma pessoa nobre e boa. O que importa é o que é verdadeiro para você, e por isso é decisivo saber realmente ouvir a própria intuição e o próprio coração, seguindo o que manda a sua felicidade. E por esse motivo também quero aqui deixar claro o seguinte: se der a si mesmo permissão para ganhar todo o dinheiro de que precisa para desabrochar e realizar seus desejos, não significa que você seja ou venha a se tornar um cretino ganancioso, egoísta e responsável pela depredação do planeta.

•••••••••••••••••••••••••••••••••••••
O saudável desejo de riqueza não é ganância,
é anseio de viver.
•••••••••••••••••••••••••••••••••••••

Desejo significa literalmente *de sire*, "do pai", e acredite você em Deus ou não, seus desejos lhe foram conferidos ao chegar à existência terrena, juntamente com outras características pessoais distintivas, como seu rosto, sua personalidade e o gosto pelo tricô. São traços pessoais intransferíveis que definem sua essência, funcionando como um mapa do percurso na sua vida. Seus desejos lhe foram atribuídos pela Inteligência Universal que tudo criou, com a expressa finalidade de serem realizados por você nessa vida.

Como integrante da espécie humana, você faz parte da natureza, e tudo mais na natureza é dotado de tudo aquilo de que necessita para realizar o desejo de prosperar e florescer — por que então não seria assim com você? A natureza é uma máquina muito bem concebida e calibrada que tem a ver com a mais plena expressão e perpetuação da vida. A Mãe Natureza é nota 10 em gestão de sistemas e renovação de recursos, sabe muito bem das coisas; quando a humanidade perde a noção, fica com medo e se mostra gananciosa é que a natureza se desequilibra. Nós poluímos, despimos e destruímos nossa querida companheira, a Terra, de maneiras assustadoras, e não raro irreparáveis, quando agimos com base no medo e não no desejo de colaborar com o planeta e as criaturas que nele vivem. Entesouramos recursos por medo de não serem suficientes ou de não termos valor se não acumularmos cada vez mais. Poluímos a água, o ar e a terra e devastamos as florestas para cortar custos ou ganhar muito dinheiro, pois somos inconscientes, inseguros, e, portanto, obcecados pelo poder. Embora seja impossível viver na Terra sem causar algum impacto, se nós, seres humanos, estivéssemos em harmonia com nosso eu superior, nutrindo nossos desejos, e não nossos medos, no fluxo com a Mãe Natureza, dando e recebendo de modo saudável, colaborativo e consciente, este planeta estaria em esplêndida forma.

Toda a natureza está perpetuamente em movimento, crescendo, mudando, reproduzindo-se, evoluindo — é o grande lance, até o bendito Universo não para de se expandir. Da mesma forma, você não está aqui para simplesmente sobreviver, estagnar, acomodar-se; está aqui para continuar crescendo e prosperar. Assim como a árvore que absorve nutrientes, água e luz solar cresce e ganha impressionante altura, enchendo seu quintal de sujeira que vai, então, gerar a próxima geração de árvores; assim como o sapo que milagrosamente evolui do ovo para o girino e dele para o animal adulto, você também está destinado a alcançar a mais plena expressão daquilo que você é, inspirar e gerar maravilhas nos outros, valendo-se no percurso dos recursos de que precisar.

••
Todos temos sementes de inimaginável competência dentro de nós. Mas, apesar disso, só alguns se permitem realmente crescer.
••

A diferença, claro, é que, ao contrário da árvore e do sapo, você é humano. Portanto, a não ser que a sua verdade tenha a ver com viver numa caverna em território totalmente livre, entalhando imagens de alces nas paredes com uma pedra e comendo nozes e frutos silvestres que não sejam propriedade da Monsanto, fingir que pode alcançar grandes coisas sem os recursos necessários é pura bobagem. Na verdade, se você está aqui para tornar-se a mais portentosa e generosa versão de si mesmo, que é realmente o que acontece, e se isso custa dinheiro, o que de fato custa, é seu *dever*, como santificado filho da Mãe Natureza, enriquecer.

Ainda que fôssemos capazes de viver do que está ao alcance das mãos, sentados debaixo de uma macieira junto a um perene curso de água fresca, com uma garçonete trazendo coquetéis de duas em duas horas, acabaríamos morrendo de tédio, buscando novas terras, querendo dar uma volta de bicicleta ou algo assim. Os seres humanos são curiosos por natureza, nosso desejo de estar sempre evoluindo física, mental e espiritualmente é parte daquilo que somos, e por isso é que acomodar-se, ficar preso numa rotina, patinhando nas águas mornas da mediocridade (ou pior ainda) é tão torturante.

• •
Todas as criaturas da Mãe Natureza estão destinadas a desabrochar plenamente antes de morrer.
• •

Como todos os seres vivos, você está destinado a ocupar espaço neste planeta. Recuar e negar a si mesmo as coisas que lhe proporcionam grande alegria, viver numa nuvem de culpa, recusar-se a causar impacto — nada disto é o motivo pelo qual você está aqui. A Terra não existe para que a pilhemos, mas para ser desfrutada, cuidada e apreciada. O fato de você viver plenamente sua vida e ganhar todo o dinheiro necessário para isso não tira nada de ninguém, assim como o fato de recusar um sanduíche de presunto porque alguém está passando fome em algum lugar não ajuda ninguém.

●●●●●●●●●●●●●●●●●●●●●●●●●●●●●●●●●●●●
A ganância provém do mesmo estado mental de falta que a pobreza.
●●●●●●●●●●●●●●●●●●●●●●●●●●●●●●●●●●●●

Viver falido por achar que é um horror ser rico ou por não se sentir merecedor de dinheiro, ou pensar que ficar rico de alguma forma vai impedir outra pessoa de ficar também —, todas estas são ideias baseadas no sentimento da falta. A falta é o estado em que você se encontra quando acha que está carente, quando acredita que o que deseja não existe, quando sua visão da vida é *um copo com um buraco no fundo*, e não *um copo preenchido pela metade*. O *mindset*, ou atitude mental, da falta considera que não existe o suficiente neste mundo, que você não tem o merecimento ou o preparo necessário para prosperar, que o dinheiro que gasta pode nunca mais voltar para você etc. Encher-se avidamente de dinheiro, bens materiais e experiências também decorre do medo e da falta — medo de não ter o suficiente, medo de não estar seguro, de não ser amado, tentando encher um buraco sem fundo no coração. Nada em excesso é saudável: a gula é tão devastadora quanto a anorexia. Recusar ao seu coração aquilo que ele deseja não é nobre, apenas desperdício de anseios danados de bons. O que nega ao mundo nossa única oportunidade de nos refestelarmos um pouco mais em você.

Se às vezes você se sente meio perdido por causa de toda a dor e sofrimento nesse mundo, preocupado em saber "Quem diabos sou eu para ficar rico quando outros estão passando fome, sendo bombardeados e expulsos dos seus países, escravizados...?", fique sabendo do seguinte: uma das melhores coisas que você pode fazer é ficar rico. Da maneira como nosso mundo se estruturou, dinheiro e poder estão interligados, e assim, se quiser contribuir para mudanças positivas, o dinheiro é uma das ferramentas mais eficazes de que poderá valer-se. Sim, você pode doar seu tempo, organizar, protestar, fazer lobby, alertar as massas, postar discussões indignadas no Facebook, mas poderá ser muito mais eficiente se tiver a energia, as alternativas e a liberdade que decorrem do fato de não enfrentar problemas financeiros, para não falar dos recursos a serem empregados como bem entender. Em vez de reclamar e se escandalizar com os imbecis gananciosos e ávidos de poder que estão danificando tanto o planeta, conferindo-lhes ainda mais poder porque continua falido por não querer ser como eles, por que não enriquecer para fazer uma grande diferença? Você pode fazer coisas muito legais com o dinheiro; não deixe os idiotas que lhe dão má fama arruiná-lo de vez.

Não podemos dar o que não temos, de modo que, se quiser ajudar os outros, você terá primeiro de cuidar de si. Por isso é que, nos aviões, sempre somos instruídos a colocar a máscara de oxigênio primeiro em nós mesmos, para só então ajudar outra pessoa. Precisamos ser lembrados disso porque é contraintuitivo: a menos que o sujeito seja um sociopata, está na *natureza* de qualquer um ajudar. Poucas atitudes iluminam o coração humano como ajudar/levar alegria aos outros. Confie no fato de que, quando estiver bem resolvido financeiramente, você terá ainda mais inspiração e tranquilidade para espalhar amor.

Hoje mais que nunca, nosso mundo precisa que o maior número possível de pessoas compassivas, criativas, conscientes e de bom coração sejam ricas o suficiente para virar o jogo. Imagine só se você e todas as pessoas que ama e respeita tivessem montanhas de dinheiro? E se sentissem gratas e fortalecidas por isso, e não culpadas e cheias de dedos? E se pudessem gastá-lo consigo mesmas, com os outros e pela salvação do planeta de maneiras que contribuíssem para melhorar a vida de todos os envolvidos? Reserve um momento para realmente imaginar os detalhes de uma situação assim no que diz respeito a você mesmo e às pessoas maravilhosas que estão na sua vida. Pense em cada uma delas individualmente e imagine como haveriam de se sentir, como se transformariam, no que poderiam investir sua nova riqueza. Se o seu pessoal é parecido com o meu, é porque realmente vale a pena escrever uma canção de amor sobre essa história de ficar rico.

•••••••••••••••••••••••••••••••••••••••
Não existe essa história de bom demais para ser verdade.
•••••••••••••••••••••••••••••••••••••••

Pois vou em frente e direi em alto e bom som (não quer se juntar a mim?): eu adoro dinheiro. Não há necessidade de explicações nem desculpas. Também adoro pizza, e posso dizê-lo sem precisar recorrer a um monte de justificativas: *Adoro pizza, mas, sabe como é, tem outras coisas na vida. Também é importante conviver com nossos entes queridos e ajudar os outros.* O que precisamos é descriminalizar a palavra dinheiro, pois enquanto não o fizermos não poderemos ficar assim tão motivados a ganhar muito. Eu já fui dura e triste, rica e triste, dura e feliz, rica e feliz, e posso dizer sem hesitação que dou preferência à versão rica sobre a versão dura. Pois o fato é que o dinheiro nos dá liberdade e alternativas, e eu adoro liberdade e alternativas. Quem não?

E já que estamos falando disso, vamos logo em frente e aproveitar para descriminalizar os ricos também, não é mesmo? Ao contrário da crença popular, os ricos são pessoas como outras quaisquer, e não são intrinsecamente contaminados, nem merecem ser assassinados, devorados ou roubados. Vivemos numa sociedade que cultiva o hábito de julgar as pessoas com muito dinheiro, e assim, independentemente de como você se sinta no nível consciente a respeito dos ricos, ou seja, dizendo frases do tipo *Tenho excelentes amigos que são ricos!*, é importante ter consciência de eventuais crenças negativas que possa estar alimentando em seu íntimo. Naturalmente, existem ricos que são de fato de lascar, mas outros são incríveis, exatamente como existem pobres que são complicados e outros que são fantásticos. O problema é que é socialmente aceitável revirar os olhos quando alguém passa dirigindo uma Mercedes ou fala dos muitos dólares que ganhou esse ano, embora seja perfeitamente normal numa conversa queixar-se de estar completamente falido ou declarar que encontrou umas botas "baratésimas" na Feira da Providência. O esnobismo funciona nas duas direções — se você é rico, considerar-se melhor que os que não são é tão furado quanto ser duro e se achar melhor que os ricos. Comece a prestar atenção em comentários depreciativos que eventualmente saiam da sua boca, ou da sua mente, quando se tratar de gente rica, pois se você quiser tornar-se um deles vai ser muito mais fácil se aprovar o resultado almejado.

Respire fundo, confie nos seus desejos e aceite o fato de que a busca pela riqueza é aquela no sentido de se tornar mais plenamente o que você verdadeiramente é. Nem todos nós desejamos levar uma vida de magníficas realizações ou resolver o problema da fome no mundo, não é disso que se trata. A questão é se dar permissão para ser o máximo naquilo que se pretende, o que quer que isso represente em cada caso. Você está aqui para prosperar, e ao prosperar, automaticamente ajuda os outros a prosperar também. Pense só: o simples fato de estar ao lado de alguém totalmente conciliado com aquilo que é, que se sente motivado pela vida, que a vive plenamente, que acredita que tudo é possível, que se sente empolgado com a aventura de se arriscar nesse planeta, que se permite parecer bobo, fracassar, ter sucesso, ser rico, ser generoso, e, basicamente, ser, fazer e ter todas as coisas e experiências que lhe permitam ser mais plenamente ele mesmo — só isso não lhe dá vontade de dar cambalhotas? Por que então não ser exatamente assim para alguém mais, sendo também o mais você mesmo que seja capaz de ser?

Se for um militante político, seja o mais ativo possível; se for músico, bote as profundezas do seu ser para sacudir; se for advogado, lute pelo que está certo; se for mãe e dona de casa, crie filhos incríveis de comportamento exemplar. Tudo conta, tudo contribui, todos somos igualmente importantes, não é uma competição. Não faria sentido todos nós fazermos as mesmas coisas da mesma maneira, e por isso é que cada um de nós deseja ocupar nosso lugar *especial* no mundo com nossa individualidade única. Entenda que seus dons, talentos e desejos lhe foram atribuídos porque você está destinado a prosperar e compartilhar sua individualidade com o mundo como só você pode fazer. Por favor, por favor mesmo, estou pedindo, permita-se enriquecer o quanto você precisa para nos proporcionar toda a sua grandeza.

HISTÓRIA DE SUCESSO: SE ELE PODE, VOCÊ TAMBÉM PODE.

Charles, 54 anos, ganhava US$20 mil por ano e em menos de sete meses passou a ganhar US$145.000 mil:

Eu sempre achei que gostava de dinheiro, mas depois de um certo tempo me dei conta de que tinha problemas com isso, pois o fato é que não conseguia ganhar. Depois de um sério exame de consciência, percebi que, tendo crescido pobre numa família sem dinheiro, e como meu pai não dava um centavo para o nosso sustento, a mensagem que recebi e que passei a aceitar como verdade é que eu não valho nada. E assim, ao longo da vida, à medida que apareciam as oportunidades, eu dava um jeito de permitir que essa crença subjacente sabotasse qualquer projeto de sucesso.

Comecei, então, a repetir mantras sobre a minha força e grandeza, para me estimular, agradecia ao Universo, a todos e a tudo ao meu redor, por coisas que ainda não havia recebido. E isso me transformou, tornando-me uma pessoa mais positiva, e passei a vivenciar situações que não julgava possíveis, mas que, ainda assim, encarava. Também comecei a me cultivar e aprender o que fosse preciso para melhorar, o que em certos casos representou um investimento considerável.

Praticava entrevistas de emprego exercitando essa situação centenas de vezes até me considerar apto. Algo que ajudou foi o fato de olhar as pessoas a minha volta, inclusive as que me contratavam, descobrindo que eu era muito mais preparado e capacitado. Minha autoconfiança lentamente começou a melhorar.

Continuei com as entrevistas e acabei conquistando meu atual emprego, no qual ganho mais de US$145.000,00 por ano.

Hoje, moro na melhor casa na qual jamais morei, meus filhos estudam nas melhores escolas que já frequentaram, dirijo o melhor carro que já tive e disponho de confortos que jamais imaginei possíveis. De vez em quando ainda tenho lá uma ou outra dúvida sobre minha capacidade, mas continuo trabalhando a questão e sei que posso superá-la. É uma sensação incrível.

PARA ENRIQUECER

Sugestão de Mantra do Dinheiro (para dizer, escrever, sentir, apropriar-se):
Eu adoro dinheiro porque me amo.
Queira dar pelo menos dez respostas em cada um dos seguintes itens:

1. Faça uma lista dos motivos pelos quais você merece dinheiro.

2. Faça uma lista de belas realizações que aconteceram neste mundo graças ao dinheiro.

PERMISSÃO

3. Faça uma lista de todas as coisas e experiências incríveis que o dinheiro trará à sua vida.

4. Faça uma lista das maneiras como o fato de você ser rico beneficiará outras pessoas.

Preencha o espaço em branco:
Sou grato pelo dinheiro porque _____.

CAPÍTULO 2

POR QUE VOCÊ NÃO ESTÁ NADANDO EM DINHEIRO. AINDA.

Quando eu era pequena, de vez em quando meus pais vestiam meus irmãos, minha irmã e eu com todo o capricho, pegávamos um avião e íamos visitar a família do meu pai em sua cidade natal, Nápoles, na Itália. Ainda hoje tenho lembranças aleatórias, mas vívidas, dessas viagens — meu primeiro copo de suco de laranja, inimaginavelmente vermelho e delicioso, que eu bebericava na varanda do nosso quarto de hotel com os pés descalços na balaustrada. O enorme papagaio verde do meu avô, que gritava para nós em italiano (em italiano! Um pássaro!). Minha tia Lucia nos esperando de braços erguidos, no entusiasmo do abraço que viria, e o chocante tufo de cabelos assim revelado nas axilas, como eu nunca vira numa mulher, e que era tão aterradoramente obsceno para minha sensibilidade americana, como se ela nos tivesse recebido abrindo as pernas no meu rosto.

Numa dessas viagens, quando eu tinha mais ou menos sete anos, meu tio Renato levou a tropa toda a seu restaurante favorito de frutos do mar, num lugar que dava para o mar, com um terraço cheio de mesas de piquenique. Aquela horda de Sincero, primos, irmãos, tias, tios, cunhados e avós, começou a disputar lugares ao redor das duas longas mesas e, por um golpe de sorte, em meio àquele caos, eu consegui o mais cobiçado de todos, bem ao lado do meu pai.

Meu pai concentrava todas as atenções nessas viagens, e não apenas por ser uma espécie de celebridade: o arrojado filho mais velho que voltava à terra natal com a linda mulher americana, orgulhoso da sua ninhada, titular de um bem-sucedido consultório médico, mas sobretudo por ser o único que falava italiano e inglês. O que significava que toda vez que alguém dizia alguma coisa, quatro longas fileiras de bancos de piquenique e vinte pares de olhos se fixavam nele, piscando na ansiosa expectativa de que traduzisse alguma anedota ou um comentário espirituoso que nos permitiria voltar-nos uns para os outros e rir, sacudir a cabeça e ter aquela sensação tribal típica das famílias que de fato entendem que diabos os outros estão dizendo.

Assim que sentávamos, o proprietário, ou chef, ou alguém importante do estabelecimento vinha a nossa mesa cumprimentar com muita bajulação meu tio Renato, que, por sua vez, evidentemente era uma celebridade ali, seguindo-se prolongados apertos de mão e beliscões nas bochechas e *benvenuti*, até que o sujeito batia palmas, anunciava "Bem-vindos, *amici*! Espero que estejam com fome!", e desaparecia dentro do restaurante. Momentos depois, começava a surgir diante de nós uma torrente de comida que não pararia mais durante quatro horas.

A certa altura, a garçonete trouxe uma bandeja com uma enorme pilha de coisas circulares fritas, e meu pai puxou-me para seu colo, dizendo que experimentasse.

— Que é isto? — perguntei.
— Experimente.
— Sim, mas o que é?
Em vez de responder, ele voltou-se para os demais convidados, apontou para a bandeja e disparou algo em italiano, enquanto eu

entendia apenas as palavras "Jennifer", "*mangia*" e a risada que se seguiu. Agora as quatro filas de bancos de piquenique e os vinte pares de olhos estavam voltados para mim, e aquela droga de bandeja com círculos fritos de repente me aterrorizava. Apesar da condição de celebridade, meu pai é um sujeito bem tímido, e o jogo da verdade ou consequência não é exatamente a sua especialidade, de modo que tudo aquilo me levava a pensar que o que havia na bandeja devia ser mesmo muito ruim, já que ele se dispunha a armar toda aquela cena em torno.

Eu imediatamente concluí que eram vermes. Não podia ser outra coisa. O tempo todo a gente ouvia falar desses países onde as pessoas comem coisas como tarântulas e olhos e cérebros, portanto deve ter gente que come vermes mesmo. Fiquei imaginando como devia ser fácil fazer um círculo com um verme e passar na farinha para fritar. Não dá para supor que fosse possível fazer o mesmo com alguma outra criatura. Dá? Resposta: só vermes.

Por mais nojenta que fosse a ideia, eu detestava ser provocada, e detestava ainda mais perder no jogo da verdade ou consequência, então diante de toda a Nação Sincero ali reunida, levei um dos misteriosos círculos à boca e mastiguei, contraindo-me em ânsias de vômito à espera de que o troço explodisse. Para minha enorme surpresa, contudo, não eram tripas, mas algo mais parecido com uma tira de borracha — dura e sem gosto. Meu pai então gritou bem na minha cara: "É lula!", e todo mundo caiu na gargalhada e começou a aplaudir, e minha tia Alberta me deu um tapinha na cabeça enquanto eu mergulhava num turbilhão de ódio e humilhação que me fez sair correndo para o banheiro.

Eu era uma menina que gostava de peixe. Se soubesse a verdade sobre o que estava levando à boca naquele momento, teria evitado a ânsia de vômito, todo aquele drama e a bronca que tive de enfrentar à noite por ter dado um murro no queixo do meu irmão quando ele me imitou, fingindo vomitar um verme. O que nos leva à lição dessa história:

Nossas "realidades" são um faz de conta – o que vivenciamos é aquilo em que acreditamos.

Se você acha que dinheiro é algo sujo e/ou difícil de ganhar, sua conta bancária estará sempre cheia de mato crescendo. Na hora de formar e transformar nossa experiência humana, a força da mente reina absoluta sobre qualquer tipo de "verdade" externa. As crenças religiosas profundas podem inspirar as mais variadas coisas, sejam guerras, gloriosas casas de culto ou ferrenhas gincanas beneficentes. A convicção de ser sexy e atraente fará com que você seja abordada por estranhos na rua. E se achar que está comendo vermes, você terá ânsias de vômito.

Existe um neurocientista chamado Vilayanur Ramachandran que usa a força das crenças para aliviar dores terríveis em indivíduos que tiveram membros amputados. Muitas pessoas nessa condição sentem o que costuma ser chamado de dor fantasma — sensações muito reais de dor numa parte do corpo que não existe mais. Como o membro não está mais ali, a pessoa não tem como massageá-lo, embebê-lo em alguma solução ou fazer qualquer outra coisa para aliviar a dor. Pode ser mais torturante?

Fazendo uso de espelhos, Ramachandran reflete a imagem de um membro existente do paciente em um lugar onde estava um membro que não existe mais, de tal maneira que fica parecendo que este não está mais ausente. Assim, se estiver faltando um braço, por exemplo, a pessoa move o braço restante, abre a mão, alivia a tensão da maneira como puder e a mente é levada a acreditar que isso está acontecendo ao braço que não existe mais, e a dor desaparece. Fazendo a mente acreditar que aquilo que não existe, ele consegue ajudar os pacientes a alterar sua realidade física.

Nosso mundo externo é um espelho do
nosso mundo interno.

Se você é capaz de acreditar nos pensamentos que estão acabando com sua vida financeira, do tipo *Não consigo ganhar dinheiro por causa de X (porque sou mãe solteira, moro no fim do mundo, sou um imbecil etc.)*, também pode deixar de acreditar. É simples assim, o poder que realmente temos e como é enganosamente fácil mudar nossa vida — podemos literalmente criar a realidade que desejamos, fazendo-nos pensar e acreditar naquilo que desejamos pensar e acreditar. Não é incrível?!

Nossas crenças, juntamente com nossos pensamentos e palavras, estão na origem de tudo que vivenciamos, motivo pelo qual a escolha consciente do que passa pela sua mente e sai da sua boca é uma das coisas mais importantes que você pode fazer. Essa escolha consciente de pensamentos, crenças e palavras chama-se *domínio do seu mindset*, algo que de fato você deve dominar se quiser viver bem e no controle, em vez de ser atropelado pelas circunstâncias.

Aqui vai a verdade nua e crua sobre como funciona a sua atitude mental.

CRENÇAS

Tratando-se de dinheiro, a maioria das pessoas tem a sensação de que suas crenças vão muito bem: *Mas é claro, você pode perfeitamente passar o dia inteiro me dando dinheiro, muito obrigado! Tome, por acaso tenho aqui uma bolsa para você encher!* Mas o que elas não percebem é que esta é a fala da mente consciente, e que, bem lá no fundo, temos uma mente subconsciente, que vem a ser a placa-mãe que controla nossos resultados. E se mamãe não está feliz, ninguém fica feliz, portanto não importa se você acha que só pensa em dinheiro e só quer dinheiro na mente consciente: se o seu subconsciente acredita que você será banido das reuniões de família se enriquecer, pois na infância foi o que viu seu invejoso avô fazer com seu pai quando ele enriqueceu, não é para breve o seu encontro com a abundância financeira. Eis por quê:

O PEQUENO PRÍNCIPE

A mente subconsciente é como um príncipe de sete anos de idade que de repente se torna rei à morte do pai: ele governa o reino da sua vida adulta com base em informações que juntou e processou dando cambalhotas e arriando as calças no quintal de casa. Ou seja: não processou realmente nada.

Ao nascer, você não tem nenhuma atitude nem crença a respeito do dinheiro. Chega vazio, aberto, disposto a tudo. Baseia a sua "verdade" sobre o dinheiro no que aprende com as pessoas ao redor e nas experiências adquiridas. Toda essa informação vai para o seu subconsciente antes que seu cérebro amadureça e desenvolva filtros ou a capacidade analítica para fazer ponderações do tipo *Espera aí, só porque mamãe e papai brigam o tempo todo por causa de dinheiro não quer dizer que o dinheiro seja algo ruim. Pode significar apenas que ele tem inveja do fato de ela ganhar mais que ele. Ou que ela quer que ele lhe dê mais atenção, e assim inventa brigas.*

Quando somos crianças, toda essa informação chega por uma perspectiva muito mais simples, própria das crianças, o que significa que interpretamos o que nos acontece pelas aparências. Assim, a pessoa que cresceu vendo os pais brigarem por dinheiro pode acreditar que dinheiro = brigas = algo assustador = ruim. Ou então: *Se eu ganhar dinheiro, vão gritar comigo e não vão me amar. Ou: Fico apavorado com dinheiro porque parece que vão bater em alguém toda vez que se fala do assunto.* E essa informação, dessa maneira extremamente básica e emotiva, fica alojada no seu subconsciente como um facão de carne, como se fosse a verdade. E lá permanece pelo resto da sua vida (a menos que você a reprograme, o que lhe mostrarei mais adiante como fazer), ajudando-o, se for positiva e útil, e frustrando-o o tempo todo se o impedir de criar a vida que deseja.

Aqui estão os três atributos básicos do subconsciente:

É primordial.
A maior preocupação da mente subconsciente é a sobrevivência. Para um bebezinho incapaz de cuidar de si mesmo e se defender, perder o amor e ser abandonado é literalmente o mesmo que morrer, e, assim, toda vez que podemos estar em risco, o Pequeno Príncipe pira completamente e tenta nos deter. É esse um dos principais motivos pelos quais ficamos presos a uma vida pela qual não somos apaixonados propriamente — não queremos correr o risco de tentar e fracassar, tentar e ter êxito, de perder peso, enriquecer, ter uma nova opinião, uma nova vida amorosa, uma nova atitude, por medo de que as pessoas que amamos nos rejeitem quando mudarmos. Embora possa funcionar com uma criancinha que faz o que pode para sobreviver, no caso de um adulto é uma droga.

É dissimulado.
A maioria das pessoas não tem a menor ideia de que existem todas essas crenças subjacentes atrasando sua vida. Possuem apenas noção (até certo ponto) dos seus pensamentos conscientes, e é nesse nível que atuam, deixando de lado o verdadeiro culpado lá em baixo. É assim que ficamos aprisionados em nossos padrões — namorando os mesmos palermas repetidas vezes, colaborando incansavelmente com pessoas que nos tratam como bosta, gastando todo o nosso dinheiro assim que ganhamos: o galinheiro está sendo controlado pelo Pequeno Príncipe, e pelas crenças conscientes que você nunca questiona.

Não quer ser destronado.
E o seu Pequeno Príncipe vai ter um ataque de nervos daqueles ao menor indício de que as coisas estejam se encaminhando nessa direção. Digamos que você tome a ousada decisão de largar o

emprego de professor de jardim de infância para abrir a creche dos seus sonhos. Estabelece firmemente metas financeiras claras e pragmáticas, consegue um empréstimo para alugar um espaço, escolhe um nome e deixa tudo muito bem preparado. Enquanto isso, por baixo da superfície, se acreditar que lutar por alguma coisa é mais nobre que consegui-la, pois foi o que seus pais lhe ensinaram, e que todo mundo que o ama como você sempre foi vai julgá-lo e abandoná-lo quando enriquecer, seu subconsciente pode tentar "protegê-lo", providenciando de repente uma gripe, inventando motivos de briga com pessoas que podem ajudá-lo, incitando-o a procrastinar, fazer investimentos terrivelmente equivocados, beber até cair na noite anterior a uma reunião importante (ou na própria manhã em que vai acontecer) etc.

Quando você promove mudanças na pessoa que sempre foi, está basicamente matando sua antiga identidade, o que deixa o seu subconsciente completamente transtornado. A mudança o projeta no desconhecido e o expõe ao risco de toda sorte de perdas e, naturalmente, toda sorte de maravilhas das mais inconcebíveis, motivo pelo qual são trazidos à superfície seus maiores medos.

O seu Pequeno Príncipe tenta desesperadamente mantê-lo num espaço conhecido e seguro, também denominado como sua zona de conforto, mas, se as verdades pelas quais você pauta a vida já não se adaptam à pessoa em que está se transformando, é como tentar enfiar-se aos trinta e seis anos de idade nas calças que você usava na infância. Nada confortável, não é mesmo? No entanto, é o que fazemos o tempo todo, pois embora dificultem a circulação sanguínea e nos impeçam de ser plenamente aquela pessoa que desesperadamente queremos nos tornar, essas calças já são bem conhecidas, confortáveis e parecem mais seguras que experimentar uma roupa nova que nunca antes usamos. Na verdade, estamos tão apegados ao que não presta mais, porém já é conhecido, que somos capazes de gastar nosso valioso e bem limitado tempo aqui na Terra inventando desculpas para nos manter exatamente onde estamos, em vez de dar um salto no glorioso desconhecido e nos transformar naquela pessoa que realmente devemos ser.

> As paredes da sua zona de conforto estão encantadoramente decoradas com sua eterna coleção de desculpas favoritas.

Não deixe de amar seu Pequeno Príncipe por se mostrar tão companheiro na tentativa de protegê-lo, mas está na hora de assumir seu poder pessoal, colocar na cabeça a coroa de adulto e tomar de volta o seu reino.

Paralelamente ao nosso autoritário Pequeno Príncipe, a necessidade de segurança terrena contribui mais que qualquer outra coisa para impedir que as pessoas levem a vida dos seus sonhos, e o ridículo é que *isso nem sequer existe*! As pessoas passam a vida trabalhando muito em empregos "seguros" que detestam, preservando relacionamentos com pessoas de que não gostam para não ficar sozinhas, recusando-se a gastar dinheiro em coisas divertidas para economizar para os dias de chuva, e enquanto isso estamos percorrendo o espaço sideral num Universo infinito, montados num planeta sujeito a terremotos, pragas e eras glaciais. Aquele emprego seguro naquela empresa segura pode acabar, um maluco qualquer pode aparecer e começar a espancá-lo com um galho de árvore — qualquer coisa pode acontecer a qualquer momento.

Naturalmente, ficar focado nesses pensamentos não seria de grande ajuda para levar uma vida produtiva ou feliz, pois ficaríamos agachados debaixo das mesas ou nos agarrando aos prédios ao andar na rua, mas estou as trazendo aqui como lembretes, na esperança de libertá-lo da armadilha absurda e muitas vezes desvitalizante de sacrificar a possibilidade de viver seus sonhos em nome de uma falsa segurança. Para permitir que seu coração corra atrás da sua alegria, surfando na onda dos grandes baratos, em vez de limitá-lo a ficar na segurança.

•••••••••••••••••••••••••••••••••
A tentativa de se proteger dos seus medos
o protege de experimentar uma vida plenamente
próspera e opulenta.
•••••••••••••••••••••••••••••••••

Não estou sugerindo que você corra riscos inúteis, desprezando precauções de segurança ou agindo como um maníaco irresponsável — *Que se dane, vamos todos morrer mesmo, o negócio é pegar a grana da faculdade das crianças e torrar tudo na Disney!* Estou falando é de se libertar para prosperar na abundância, em vez de passar a vida aferrado aos medos. Falo de focar nos desejos do seu coração, nas possibilidades infinitas, em aproveitar a vida com vontade, em vez de ficar preocupado com o que poderia perder.

Seja responsável, separe dinheiro para o futuro, use cinto de segurança, faça grandes planos divertidos com os amigos e a família, não ande sozinho em bairros perigosos, invista seu dinheiro com critério, exercite corpo e mente, pratique sexo seguro, não fume nem fique bêbado em público nem fale mal dos vizinhos — aja sempre como alguém que tem uma vida longa e feliz pela frente. Mas não recue diante de algo que deseje por ser arriscado demais. O simples fato de estar vivo é arriscado. Permita-se experimentar o que o seu coração bem desejar como se fosse a sua única oportunidade de tomar as rédeas da sua vida.

PALAVRAS

Nossa percepção da realidade também é muito influenciada pelas palavras. As palavras dão vida aos nossos pensamentos e crenças e nos ajudam a ancorá-los nas nossas "realidades" pela repetição. As palavras nos ajudam a formar nossa identidade; nos acostumamos ao nosso jargão, a nossa *persona* verbal: *Minha memória é uma droga. Deixei as chaves na porta de casa de novo — que imbecil!* Quanto mais você repetir para si mesmo que é um imbecil esquecido, mais vai acreditar nisso, e, portanto, agir como um imbecil esquecido. Diga a uma menina muitas vezes que ela é burra e ela vai acabar acreditando, embora tenha aprendido sozinha a ler chinês. Durante quarenta anos, eu dizia a mim mesma praticamente todo dia que não sabia o que queria fazer da vida, e, em consequência, permaneci na posição fetal da total falta de esperança e da confusão ao longo de décadas. Se tivesse trocado a frase "Não sei" por "Não faltam pistas ao meu redor!", eu me teria aberto para possibilidades de clareza, em vez de bater a porta sabe-se lá para quantas oportunidades de ouro.

•••
O que sai da sua boca entra na sua vida.
•••

Como somos filhos do hábito que tende a manter as palavras no modo repetição, elas se transformam numa espécie de cinzel que forma sulcos na nossa mente, repassando as mesmas histórias infindáveis vezes, fixando nossos pensamentos e crenças e definindo nossa realidade. Nossas palavras são como água correndo na rocha — com o tempo, elas são capazes de cavar sulcos do tamanho do Grand Canyon. Por isso gosto da expressão inglesa *stuck in a rut*, na qual a palavra *rut* significa ao mesmo tempo sulco e rotina — ficamos, assim, literalmente presos no sulco de uma rotina de pensamentos, crenças e palavras, e para nos libertar precisamos criar conscientemente um novo sulco, e um excelente lugar para começar é providenciar novas e melhores palavras.

A língua define e molda nossa percepção da realidade conferindo-lhe uma estrutura compreensível. Nós criamos e reforçamos limites em torno do tempo, por exemplo, falando do que fizemos ontem, dizendo que queremos ir amanhã ao parque aquático, e que *se você não calçar os sapatos agora mesmo não vai ganhar sorvete quando chegarmos ao parque*, etc. Enquanto isso, segundo Einstein, o tempo é uma ilusão, é flexível, não linear, e toda essa história das 24 horas do dia não passa de uma grande fraude. Todos já ouvimos isto; no entanto, vivemos solidamente na cultura dos sete dias por semana, das 52 semanas por ano, o que é tornado "real" pela língua. Nos Estados Unidos, os indígenas hopi, cuja visão do mundo está mais sintonizada com as descobertas de Einstein, não têm em sua linguagem palavras que expressem passado ou futuro, pois basicamente eles existem no agora. Na verdade, não têm sequer uma palavra que designe "agora", pois o simples fato de dar esse recuo para atribuir-lhe um nome seria suficiente para tirá-los do momento presente. São incontáveis os reinos da realidade, e as palavras que empregamos nos aprisionam na percepção de que acaso estejamos participando.

As palavras também têm um efeito persuasivo significante sobre nós. Basta lembrar como é incrível quando alguém expressa diretamente em palavras o que estamos sentindo, pensando ou temendo. As palavras certas no momento certo podem fazer-nos sentir reconhecidos no fundo d'alma, com uma força capaz de levar nações inteiras de pessoas inteligentes a eleger imbecis ou toda uma comunidade a fazer uso de alimentos nocivos. Comece, portanto, a prestar atenção e veja se não está reiteradamente declarando o quanto odeia/teme/desconfia do dinheiro, com linguagem do tipo: *Sou mesmo um imbecil em matéria de dinheiro, jamais poderia comprar isso, odeio esses ricaços de merda* etc. Se o dinheiro na sua boca é uma coisa tão ruim, você vai mesmo querer acabar com todo ele.

PENSAMENTOS

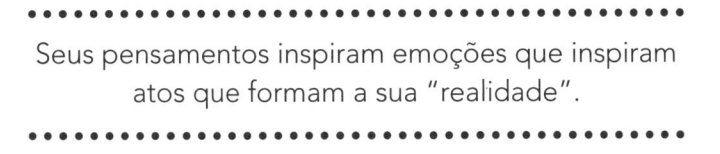

•••

Seus pensamentos inspiram emoções que inspiram atos que formam a sua "realidade".

•••

Quando eu era pequena, éramos vizinhos de uma família com um bando de crianças mais ou menos da mesma idade que eu.

Os pais eram alemães, e um belo dia, semanas antes do Natal, quando eu estava brincando na casa deles, foi-me passada uma informação muito valiosa. Não só haveria presentes debaixo da árvore no dia 25 de dezembro, mas, como costumava ser comemorado na Alemanha outro feriado no início do mês, o Dia de São Nicolau, quem deixasse o sapato do lado de fora da casa durante a noite o encontraria na manhã seguinte cheio de presentes. Oi!?

Voltei imediatamente para casa, peguei meu maior calçado, um tamanco, esperei passarem os nove milhões de anos até o fim do dia e o jantar finalmente terminar para poder me esgueirar até a porta da frente e deixar meu tamanco bem ali do lado de fora, como fora instruída. Deitada na cama e ouvindo meus pais lavando a louça, meu coração de repente deu um salto para fora do peito ao som da porta de casa sendo aberta para que o cachorro pudesse entrar. Em questão de instantes meu nome também estava sendo chamado.

"Jennifer! Faça o favor de aparecer aqui imediatamente!" Minha mãe estava no alto da escada sacudindo meu tamanco por cima da cabeça, exigindo saber como é que ele tinha ido parar do lado de fora. Balbuciei algo sobre tê-lo tirado e esquecido de trazê-lo para dentro, pedi desculpas e me recolhi de volta ao quarto com o tamanco congelado. Que ótimo! Agora teria de me esgueirar de novo depois que eles fossem se deitar e me arriscar a arrumar ainda mais problemas. Mas, ainda assim, por mais grave que fosse o delito — pois ainda por cima era um tamanco novinho em folha — e sérias as incontornáveis consequências, o risco valia perfeitamente a pena. Pois se tratava de... presentes. A história acaba sem que eu ganhasse presente algum, claro, sendo desancada de novo por causa do imbecil do cachorro, que tinha de ser posto para fora bem cedo para fazer xixi, e tendo de passar um mês inteiro limpando a gaiola do hamster e esvaziando diariamente a lava-louça, tarefas tanto mais desagradáveis na medida que meus irmãos ficavam liberados.

Nós somos movidos pelas emoções. Quando estamos entusiasmados, não damos ouvidos a ninguém, não há lógica, medo, nem qualquer dúvida que tenha a menor chance diante de uma emoção forte. No auge da paixão, somos capazes de dar saltos gigantescos, sair com gente coberta com bandeiras vermelhas, correr o risco de uma segunda rodada de reprimendas dos pais, subir num palco diante de milhões. Segundo nossa mente subconsciente, não existe nada mais arriscado que sair da zona de conforto, e por isto é fundamental, para mudar nossa vida, assumir o controle das nossas disposições mentais e aprender a dominar os pensamentos: não se pode ter uma emoção sem antes ter um pensamento. Assim, aprendendo a focar os pensamentos em resultados que gerem emoções fortes e positivas — *Mal posso esperar para largar o trabalho nesse bar e finalmente começar a trabalhar na empresa dos meus tênis favoritos!* —, você libera sua capacidade de dar saltos audaciosos, apesar dos seus medos e das tentativas do seu Pequeno Príncipe de puxá-lo para trás. Começa tudo pelos pensamentos; são eles os catalisadores do movimento que mudam as suas crenças e a sua maneira de agir.

Para dar uma ideia melhor do que estou dizendo, aqui vai uma esquematização do funcionamento dos seus hábitos mentais:

As suas crenças estão dirigindo o ônibus. Elas o levam para onde você estiver indo, prestando atenção ou não.

Seus pensamentos são o guia turístico, a pessoa lá na frente com o microfone e a prancheta nas mãos — podendo de uma hora para outra dar uma guinada na direção, pisar no freio, fazer o ônibus capotar: ele pode fazer o que bem quiser, quando quiser. Em geral trabalha em sintonia com suas crenças, mas dispondo de poder de veto.

Suas palavras são o assistente dos seus pensamentos e crenças. Servem para apoiá-los, manifestar suas opiniões, transmitir suas mensagens, tornar a coisa toda real.

Suas emoções são o combustível. Combinadas aos pensamentos, permitem-lhe mudar suas crenças e a direção da sua vida. E sem emoções você não vai a lugar nenhum.

Seus atos constroem a estrada. Abrem caminho para suas crenças, mas podem mudar a direção se seus pensamentos e emoções alterarem os planos e decidirem que querem parar na lanchonete ou algo assim.

Quando todas essas facetas da sua mente, do seu corpo e do seu espírito estão alinhadas, focadas no mesmo desejo, cantando felizes pelo caminho, você é capaz de manifestar todas as maravilhas que desejar. Mas se está pensando que gostaria de ganhar mais cinco mil dólares por mês, mas não tem a menor ideia de como, se está sentindo-se cheio de dúvidas e em pânico, achando que ninguém vai levá-lo a sério (nem você mesmo), se toda manhã diz em voz alta na frente do espelho "Eu adoro dinheiro e ele vem fácil para mim", e se visitar um cliente por dia e depois desistir e abrir uma cerveja, não vai mesmo muito longe.

Todos os integrantes do time da atitude mental precisam dar o melhor de si no jogo em campo, mas, por menos que eu goste de designar favoritos, o fato é que os seus pensamentos são mesmo o mandachuva.

Para que eles atuem no potencial máximo, vamos dar uma olhada em algumas das crenças mais comuns sobre o dinheiro, muitas vezes aceitas inconscientemente como verdade e repetidas o dia inteiro. Preste atenção para ver quais delas lembram algo que você possa ter pensado ou dito, pois a consciência é o primeiro passo fundamental para romper o feitiço da sua "realidade" financeira nem tão incrível assim.

Aqui vai:

- Tome consciência dos seus pensamentos e crenças limitantes.
- Comece a questioná-los e investigá-los.
- Reformule-os.
- Articule-os em voz alta e com convicção.

Vou dar alguns exemplos para você ver como funciona:
Pensamento imprestável: O *dinheiro não compra felicidade.*
Pergunta: O *que me faz feliz?*
Resposta: *A companhia das pessoas que amo, sanduíche de queijo quente, ser amado e amar, dar muita risada, dar excelentes presentes, viajar, caminhar, brincar com meu cão, pegar a estrada, ouvir música, beber cerveja, ter meu próprio negócio, dar gorjetas generosas, liberdade, massagens.*
Pergunta: *Ter dinheiro me ajuda a conseguir essas coisas?*
Resposta: *Sim.*
Pensamento reformulado: O *dinheiro contribui para minha felicidade.*
Pensamento imprestável: *Prefiro me divertir a ganhar dinheiro.*
Pergunta: *É divertido quando você ganha dinheiro?*
Resposta: *Sim, quando ganho é divertido, mas o que eu preciso fazer para ganhar não é.*
Pergunta: *Será que valeria a pena, nessa sua única vida, encontrar um jeito de tornar divertido o que você passa o dia inteiro fazendo para ganhar dinheiro?*
Resposta: *Sim.*
Pergunta: *Você entende que cria a sua realidade, que pode controlar sua atitude e que, se outras pessoas se divertem ganhando dinheiro, você também pode?*
Resposta: *Sim.*
Pensamento reformulado: *Eu me divirto ganhando dinheiro.*

Mesmo que ainda não esteja acreditando 100% nessas novas histórias, será que você não sente o quanto são mais animadoras emocionalmente que as tristonhas versões originais? Não entende que mudar a narrativa com a mesma disposição com que um mecânico troca um carburador pifado não é uma chatice sem tamanho, mas algo capaz de ajudá-lo a promover uma verdadeira transformação na sua vida?

Aqui vão mais algumas crenças muito comuns que costumam fazer grande sucesso, e que podem soar familiares para você. Es colha as que mais se pareçam com algo que você pudesse pensar ou dizer, reformulando-as:

É impossível ser rico e espiritualizado.

Dinheiro não é importante, as pessoas é que são.

Jamais contrair dívidas.

Economizar para os tempos difíceis.

Os ricos são sortudos, vulgares, egoístas, predestinados, esnobes, vazios, egomaníacos, metidos.

É preciso dar muito duro para ganhar dinheiro.

Não dá para ganhar dinheiro fazendo X (algo que você adore fazer).

Sou irresponsável demais, preguiçoso demais, sem noção demais para ganhar dinheiro.

Não é elegante falar de dinheiro.

É fundamental ter um bom emprego seguro.

Quem se empolga com essa história de ganhar dinheiro é superficial.

Dinheiro não dá em árvores.

Para ganhar dinheiro é preciso frequentar uma boa universidade.

Dinheiro causa estresse.

O dinheiro nunca é suficiente.

Dinheiro é o mesmo que problema.

Não sou nenhum mercenário.

Para ganhar dinheiro é preciso sacrificar uma vida tranquila/divertida.

Dinheiro não é para mim.

Você está querendo dar pérolas aos porcos.

É preciso ter sempre um plano B.

O sucesso é solitário.

Quem pode ter um dinheiro assim?

Ele/ela só pensa em dinheiro.

Imagine só andar por aí com esses pensamentos e sentimentos nojentos a respeito de algo onipresente como o dinheiro. Por exemplo, como seria se você pensasse assim em relação ao céu? *O céu é a causa de todos os males, não é elegante falar do céu, gostar do céu me transforma numa pessoa ruim, o céu transforma pessoas decentes em verdadeiros animais.* Você nem conseguiria sair de casa, quanto mais desfrutar das alegrias da vida.

Quando você se melindra com o dinheiro (consciente ou inconscientemente) ou se agarra a suas crenças limitantes sobre dinheiro ou se recusa a se esforçar para ganhá-lo, não está atendendo a suas necessidades, nem se tornando mais nobre, nem ajudando a si mesmo ou a quem quer que seja. O que está fazendo é uma greve de fome, negando-se àquilo de que precisa não só para sobreviver, mas para prosperar. Ao abrir os braços para o dinheiro e entrar no fluxo, você se abre para a abundância que neste exato momento está tentando alcançá-lo.

HISTÓRIA DE SUCESSO: SE ELA PODE, VOCÊ TAMBÉM PODE.

Aqui vai uma excelente história envolvendo Sandra, 44 anos, que confiava mais no que desejava acreditar do que no que lhe haviam ensinado a acreditar:

Eu vivia num vagão no Meio Oeste. Hoje, moro na casa dos meus sonhos numa praia na Califórnia e sou uma atriz de sucesso.

Minha maior crença limitante em relação ao dinheiro era que, se eu ganhasse muito, minha vida ficaria complicada demais e eu não saberia como lidar. Sabe como é, cálculos, impostos, investimentos etc. Tinha medo de que o dinheiro, além das necessidades do dia, da semana ou do mês, ultrapassasse minha capacidade de entender ou controlar. Não me achava inteligente nem preparada. Blá-blá... bocejo.

Primeiro Passo: levantei o traseiro e botei a mão na massa. Os pensamentos e as crenças são fundamentais. Tratei de esclarecer meus medos em relação ao dinheiro e de formular novas crenças, como por exemplo: eu me amo e me aceito, estou aberta a todo o bem e a toda a abundância do Universo, sei o que estou fazendo, mereço sucesso, respeito, prêmios, dinheiro e o melhor que o mundo tem a oferecer, existe abundância de dinheiro e prosperidade para todo mundo — especialmente para mim...

Segundo Passo: procurei mentores e contratei pessoas que sabiam lidar com coisas que eu não soubesse, das quais tivesse medo ou pelas quais não me interessasse. Foquei a atenção em ser eu mesma, criando e mandando para o mundo algo bom. Confiei a outras pessoas a tarefa de vender, cuidar do negócio, dos aspectos legais, mas fiquei de olhos bem abertos, para não ser passada para trás no que era meu.

Terceiro Passo: caí e dei a volta por cima mais vezes do que jamais teria imaginado. Até hoje estou caindo e aprendendo a dar a volta por cima. O sucesso não é um ponto a ser definitivamente alcançado. É uma história sem fim. Estou praticando a capacidade de ver e sentir plenamente o sucesso – como se já estivesse feito, conquistado e na conta bancária.

Ame a si mesmo porque é o único você que jamais existirá. Faça algo incrível com o você que você recebeu. Mesmo se as pessoas acharem que ficou maluco. O que quer que decida fazer, faça com alegria, vontade e dedicação, para que essa atividade se torne sua fábrica de dinheiro e de felicidade.

PARA ENRIQUECER

Sugestão de Mantra do Dinheiro (para dizer, escrever, sentir, apropriar-se):
Eu gosto de dinheiro e o dinheiro gosta de mim.

1. Relacione as cinco principais coisas que seus pais costumavam dizer a respeito do dinheiro.

2. Pegue quaisquer pensamentos negativos que lhe tenham ocorrido no passo anterior e trate de desmontá-los (como demonstrei anteriormente neste capítulo, na p. 47).

3. Reformule suas novas verdades a respeito do dinheiro.

4. Pegue a nova verdade de maior peso para você e escreva-a toda manhã e toda noite, sinta-a nos ossos, repita-a mentalmente com a maior frequência possível, diga-a em voz alta, continue martelando-a até que realmente assente em você.

5. Perceba como se vem agarrando à segurança de uma forma que o mantém preso em alguma parte da sua vida. Poderia ser sair com uma pessoa que sabe não ser a pessoa certa, nunca se permitir gastar dinheiro com algo divertido, fazer algo que o mata de tédio porque quer ser apreciado/sente que "deve"/será julgado se não o fizer, ter medo de dizer ao vizinho fofoqueiro que aparecer sem avisar não é aceitável, etc. Descubra algo que não lhe serve, mas que você receia largar por causa da segurança que lhe proporciona, e dê o primeiro passo para largar. Não vai ser nada fácil, de modo que, se não encontrar nada de primeira, persista até conseguir. Poderá assim dar um salto gigantesco em todas as áreas da sua vida.

Preencha o espaço em branco:
Sou grato pelo dinheiro porque _____.

CAPÍTULO 2A

MINÚSCULO, MAS IMPORTANTÍSSIMO CAPÍTULO SOBRE A INTELIGÊNCIA UNIVERSAL

Não faltam opiniões e teorias sobre a Inteligência Universal, que criou e continua a criar tudo que existe. Certas pessoas chamam essa força poderosíssima de Deus, outras, de Espírito, outras, de um monte de besteira. Se você está entre os céticos a respeito desse tipo de coisa e quer ficar rico, recomendo fortemente que deixe de lado a má vontade e aceite experimentar algumas novas crenças. Pois não só você muito possivelmente terá resultados colossais se entendendo bem com a Inteligência Universal, como, ainda por cima, posso garantir, goste ou não, de certa maneira já acredita nela. Em algum lugar, você acredita em alguma coisa. Seja destino, sorte ou intervenção divina, o fato é que já bateu na madeira algumas vezes. Já fez uma oração quando seu time estava a ponto de perder ou quando de repente ouviu uma sirene e viu luzes piscando pelo retrovisor. Já agradeceu a alguém chamado Deus algum dia ou soltou um *meu* antes do nome dele ao se surpreender com algo maravilhoso. Já recebeu um aviso mágico de algum lugar. "Não sei o que me fez parar na casa da minha mãe quando estava voltando para casa, mas o fato é que se não tivesse parado lá, não teria descoberto que ela havia caído." Já teve a intuição de que deve existir alguma coisa que você não entende completamente, e que tem influência na nossa vida. Sentiu os pelinhos da nuca eriçados. Ainda que seja a mais ínfima pitada de reconhecimento, você já disse oi para a Inteligência Universal.

Estou me estendendo nessa questão porque quando você reconhece que existe uma força maior e que estão acontecendo por aí muito mais coisas do que podemos vivenciar pelos cinco sentidos, pode começar a trabalhar com a portentosa e ilimitada força do Universo para produzir dinheiro. Fomos ensinados a lidar com a informação que nos é fornecida pelos nossos cinco sentidos como a verdade. Entretanto, sem querer parecer ingrato por todas as maravilhas propiciadas pelos meus olhos, ouvidos, nariz, pele e língua – sério mesmo, sou supergrata –, estas nossas sensações são limitadas. Nossos sentidos proporcionam apenas certo escopo de informação limitado pelo alcance desses sentidos. Por exemplo, nosso olfato é muito inferior ao do cão. O animal é capaz de sentir o cheiro de um pacote de salame assim que a embalagem é aberta. De outro cômodo. Enquanto dorme, até. Os gatos e sua visão noturna biônica vão sempre nos vencer numa corrida de obstáculos no meio da noite. A maioria das pessoas define sua realidade a partir dos limites daquilo que lhes é informado pelos seus cinco sentidos, mas existe muita coisa além, um Universo eterno de coisas.

Exatamente como a eletricidade e a gravidade, duas forças que influem no nosso cotidiano, mas que não vemos, que poucos de nós entendemos e, sim, nas quais todo mundo acredita de qualquer maneira, a Inteligência Universal e o poder de nossos pensamentos são reais e afetam nossas vidas em todos os momentos. Você mostra que acredita na gravidade deixando de se atirar do alto de um telhado e mostra que acredita na eletricidade evitando enfiar a língua numa tomada. Você pode não entender realmente dessas coisas, mas ainda assim segue à risca as regras. Eu gostaria de incentivá-lo a usar essas informações que estou lhe passando aqui – pôr em prática durante seu processo de tornar-se rico e deixar que os resultados falem por si próprios. Porque, pode crer, uma vez que você começar a experimentar o enorme poder dos seus pensamentos e da Inteligência Universal, mesmo sem o total domínio de tudo que está envolvido, você vai concordar com a proposta aqui apresentada quando estiver nadando em dinheiro.

Vivemos num Universo feito de energia, tudo vibra, move-se, muda, zumbe. Isto se aplica a tudo que é visível e também a tudo que é invisível: este livro, as micro-ondas, o seu carro, um tijolo, os pensamentos, um pacote de Cheetos, palavras, uma pedra, a música, uma porção de picles etc. Uma das maneiras de interpretar esta energia é através de nossos cinco sentidos: nossos olhos captam a energia luminosa, os ouvidos traduzem ondas sonoras, nosso toque registra energia enquanto massa sólida e por aí vai. Mas isto é apenas uma interpretação de realidade, e uma forma bem limitante. A interpretação da nossa realidade também passa pelo filtro do sistema de crenças que formamos via todas as informações que recolhemos ao longo da vida. Entre os cinco sentidos físicos e o padrão de verdade criado pelas nossas crenças, nossa percepção da realidade é um pouquinho limitada. Eis aqui algo que me deixa muito entusiasmado de ser humano nesse planeta com uma mente consciente: nós temos o poder de fazer parte da realidade que vai muito além do que nosso padrão de verdades nos diz, do que os cinco sentidos indicam. E a maneira de romper esta limitação é com nossos pensamentos.

Nada acontece ou existe antes de ser, em primeiro lugar, um pensamento: nosso impressionante sistema solar, sua música favorita, o volume de dinheiro na sua conta bancária, tudo, enfim. Nossos pensamentos estão conectados à energia invisível que compõe tudo isso e eles ajudam a moldá-la de acordo com o que experimentamos no plano físico. E aqui está o verdadeiro espetáculo: A Inteligência Universal e seus pensamentos são basicamente a mesma força – assim como a gota d'água que cai no oceano faz parte do oceano inteiro, seus pensamentos existem como parte da Inteligência Universal. Em outras palavras, você é um cabra poderoso!!

•••••••••••••••••••••••••••••••••••••••
O mundo invisível cria o mundo visível
•••••••••••••••••••••••••••••••••••••••

Quanto mais consciente você for em relação ao poder dos pensamentos positivos, e menos se deixar deter pelos aspectos limitantes da ilusão criada pelos seus cinco sentidos e seu padrão de verdade, mais sintonizado e conectado você estará à Inteligência Universal, e mais facilidade terá para alcançar a riqueza. Você pode se comunicar e se manter conectado à Inteligência Universal, em meio às distrações e ao caos de suas atividades cotidianas, através de dois tipos de pensamentos: os pensamentos que saem e os pensamentos que entram.

PENSAMENTOS QUE SAEM

Somos as únicas criaturas do planeta detentoras de pensamento consciente, e o utilizamos para moldar nossas realidades alertando à Inteligência Universal que *é assim que é*. A Inteligência Universal criou tudo que é e tudo que será, e os pensamentos são a maneira como você se vale do livre-arbítrio para se comunicar com o Universo e moldar sua vida. Se você mandar para o Universo pensamentos como *Não tenho condições de viajar de férias e tão cedo não acho que isto vá mudar*, o Universo reage: *Registrado! Você não tem condições. Vai ficar em casa mesmo!* Assim como seus pensamentos criaram a experiência que está vivenciando agora, você também pode usá-los para superar o que "é" e manifestar qualquer realidade que imaginar. E estou querendo dizer exatamente isso: o que quer que você imaginar. Porque tudo em que você puder pensar já existe no Universo, caso contrário você não poderia pensar. Já sei, pura loucura, mas procure me acompanhar. Toda informação, física, mental e espiritual, se origina na mesma fonte, a Inteligência Universal. Onde se encontram seus pensamentos antes de entrarem na sua mente? Onde está a flor que surge da minúscula semente? Onde está a realidade da sua renda duplicada graças a sua incrível nova empresa de roupas para gatos? Tudo isso já existe no reino espiritual, e é por meio de nossas mentes — e da maneira como nosso mindset inspira nossos atos — que a realidade se manifesta no plano físico. Se você é capaz de ter um pensamento, esse pensamento já existe. E como todas as coisas têm a mesma origem, a Inteligência Universal, esse pensamento também deve existir em forma física. Se você tem um desejo de obter cinquenta mil dólares, esse dinheiro, e a forma de obtê-lo, já existe. Não fosse assim, você não seria capaz sequer de mentalizar o desejo, porque o pensamento no dinheiro e o dinheiro propriamente dito são a mesma coisa. Esse conceito é um livro de 3.897 páginas acompanhado de uma esteira de meditação e de um balde de chá de ayahuasca, mas, a bem da nossa argumentação aqui, temos aí a essência de como funciona a Inteligência Universal.

O que determina a verdade são os seus pensamentos, e não a informação que você reúne por meio dos cinco sentidos. Assim, se no momento está morando no porão da casa da sua mãe e trabalhando por US$7,95 a hora na lanchonete da esquina, ao mesmo tempo em que fixa seus pensamentos com inabalável determinação na posse da sua enorme fazenda de criação de galinhas e de um Cadillac, essa fazenda é a sua verdade. Seus pensamentos alertam a Inteligência Universal para que comece a tomar providências no sentido de que seus desejos se manifestem na forma física (você precisa aprender a ver e receber essas novas oportunidades, que vão conduzi-lo ao seu objetivo, o que aprofundaremos mais adiante) e são os pensamentos que também desencadeiam suas emoções, que por sua vez o fazem levantar da cadeira para entrar em ação, e a sua realidade começa a mudar. É assim que cadeirantes escalam montanhas e gente que cresce na pobreza extrema fica rica — eles consideram que seus pensamentos são a verdade, toda a verdade, nada mais que a verdade, independentemente da maneira como sua "realidade" possa se revelar. Usam a força que todos nós temos para criar o que desejam, em vez de aceitar o que veem ao redor.

•••
Oportunidade está no olho do observador.
•••

Dominar o mindset de riqueza é optar por pensar no dinheiro, e na sua realidade em relação ao dinheiro, de uma forma que o torne rico, e não que o mantenha pobre.

Quando você foca seus pensamentos na riqueza que deseja, imagina-se nadando em uma grande pilha de folhas de ficus caídas, sente quão maravilhoso e excitante pode ser o fluxo financeiro, você consegue organizar a energia em torno e dentro de você, vibrar em alta frequência e, como resultado, sua realidade atrai em sua direção oportunidades e coisas de alta frequência. Você consegue sentir esta energia, que literalmente eleva seu espírito e o conecta a todas as oportunidades de alta frequência das quais você mantinha-se afastado quando estava de baixo astral e triste por conta de um mirrado saldo bancário, da falta de opções de emprego, de suas tentativas frustradas de conseguir um aumento etc. Entretanto, pense como será incrível quitar sua dívida de US$ 15 mil no cartão de crédito e diga repetidas vezes "Estou tão feliz por ter conseguido pagar meu cartão que nem consigo acreditar" e preencha um cheque no exato valor a ser pago, olhe para ele diariamente. Esse tipo de pensamento permite que a energia em torno de você vibre em frequência mais elevada e assuma a forma física daquilo em que está focado: quinze mil dólares. Os pensamentos positivos o tornam receptivo ao dinheiro que está por vir – você entrou na onda, está acreditando, você está sentindo o dinheiro aproximar-se e já está adorando. Rompida, portanto, a resistência ao dinheiro, você retorna ao seu estado natural de fluidez, não existe dúvida nem temores obstruindo sua energia, e o Universo pode lhe trazer a riqueza que você deseja.

PENSAMENTOS QUE ENTRAM

O Universo aparece toda hora para uma visitinha, de xícara de café em punho, querendo conversar sobre como melhorar suas finanças e dar uma mãozinha. Ele se conecta com você:

> Pela sua intuição: *Eu simplesmente sei bem lá no fundo que tenho de comprar esta casa, embora custe muito mais do que eu queria gastar. Mas ainda assim, sinto que é a coisa certa a fazer.*

> Pela sincronia: *Onde será que foi parar a Janet, do curso de culinária? Caramba, é ela me telefonando!*

> Pela inspiração: *Olha só esta melodia incrível para uma canção, que acabou de surgir na minha cabeça, do nada!*

> Pelo desejo: *Tenho a tranquila certeza de que serei um biólogo marinho, embora nunca tenha sequer chegado perto do mar.*

> Pela coincidência: *Acabei de abrir um livro na página perfeita: exatamente o que eu precisava ler!*

> Pelo amor: *Bem lá no fundo eu sinto como sou incrível.*

Se você realmente quiser botar pra quebrar, terá todo interesse em reforçar sua relação com o Universo das seguintes maneiras:

- Aprenda a acalmar a mente para receber a informação que ela tenta lhe mandar.

- Confie em que essa informação (também conhecida como sua intuição) fornece todas as respostas que busca, por mais que pareçam aterradoras/absurdas/inaceitáveis.

- Entregue-se e tenha fé que, quando desbrava corajosamente o desconhecido, o Universo o sustém.

- Aceite que não precisa saber como fazer o que ainda não sabe fazer, e que o Universo vai mostrar o caminho.

• •

Todos nós somos capazes, pelo pensamento, de canalizar a força do Universo.

• •

Se isso não o fizer sair correndo para comprar uma capa e uma roupa de super-herói, não sei mais o que dizer.

CAPÍTULO 3

ONDE ESTÁ O DINHEIRO?

Certa manhã, bem cedo, visitando minha mãe, encontrei-a ao descer as escadas de pé na cozinha no seu roupão de banho, xícara de café vazia na mão, cara fechada.

"Não tem mais leite para tomar com o café", informou-me de maneira seca, visivelmente aborrecida com a perspectiva de ter de se vestir e se arrumar para dar a breve caminhada ladeira abaixo até o centro. Declarou, então, que preferiria ir direto para o mercado com seu maldito roupão, um par de tênis, um boné de beisebol e muitas camadas de batom laranja, finalmente decidindo tornar-se, como disse, um personagem excêntrico da cidade. "Já estou na casa dos setenta, acho que está na hora."

Mamãe tem um dos mais deliciosos sensos de humor visuais que eu já vi, e em geral é muito engraçada, motivo pelo qual fiquei surpresa certo dia quando ela telefonou para me comunicar, mortificada, que acabava de descobrir o que significava a palavra "babaca". Como assim?, pensei. Não era desse jeito que chamava meu irmão há anos? Mas ela estava realmente chateada, arrasada mesmo, incapaz de encontrar a menor graça numa palavra que — convenhamos — é mesmo engraçada.

Esse telefonema ocorreu numa época em que minha mãe participava ativamente do conselho de administração da sua histórica e encantadora cidade suburbana. Durante seu mandato, ela defendeu causas que lhe eram caras, como protegei seu parque favorito para impedir que caísse nas mãos de empreiteiros, plantar narcisos no canteiro central da avenida principal e manter em bom estado as placas de sinalização até o deslumbrante reservatório da cidade.

Parece que foi a preservação da integridade do reservatório que a levou a me dar aquele telefonema aflito, de bruços na cama, murmurando "Ó meu Deus" sem parar com a cara enfiada no travesseiro. Pelo que pude apurar, naquele mesmo dia ela havia sustentado, numa sala cheia de respeitáveis e honrados conselheiros, uma argumentação mais ou menos assim: "É uma curva suave no caminho, por que precisamos de cinco, CINCO placas com setas antes da curva, na curva e depois dela, para avisar que é preciso virar ligeiramente à esquerda? As placas enfeiam o caminho e são um desperdício do dinheiro do contribuinte, e se o sujeito é tão babaca que não consegue nem dirigir sem uma seta de dois em dois metros, não deveria estar dirigindo." Vim então a saber que não era a primeira vez que ela sacava a palavra "babaca" diante do honrado conselho — parece que já a brandia havia anos, em reação aos babacas da prefeitura responsáveis pela aprovação dos regulamentos que não lhe agradavam, aos babacas do colégio que pintaram com spray *Turma de 2003* na calçada em frente à delicatessen, e, com mais indignação que nunca, ao idiota do imbecil do babaca do motorista bêbado que no último Halloween derrubara um poste telefônico na Elm Road.

"Achei que era apenas 'bobo'", dizia a voz sufocada do outro lado do aparelho. "E foi Ginny Adams, a diretora do clube de jardinagem e uma babaca da cabeça aos pés no mais puro sentido da palavra, sim senhora, quem me puxou de lado e disse para eu tomar jeito. Deus do céu!" Ao tomar posição para acabar com uma babaquice na sua comunidade, minha pobre mãe não só descobriu a importância de escolher bem as palavras, como se deu conta de que se tornara involuntariamente um personagem excêntrico da cidade.

ONDE ESTÁ O DINHEIRO?

Quando não investigamos o que se passa com as palavras, os pensamentos e as crenças, corremos o risco de avançar pela vida tropeçando, em piloto automático. Podemos, por exemplo, partir instintivamente do princípio de que nossas crenças se baseiam nas nossas próprias verdades, e não talvez nas verdades dos nossos pais e/ou das pessoas que nos cercam. Ou de que nossas palavras expressam fielmente nossas crenças, não sendo mera e maquinal ruminação de coisas ouvidas antes, ou prova de que somos péssimos de vocabulário. Para não falar do tempo que perdemos remoendo pensamentos que não são, para ser generosa, propriamente produtivos. Depois de despertar, conscientizando-se dos seus pensamentos, crenças e palavras e começando a escolhê-los com critério, você poderá evitar uma vida de torturante frustração (ou pior ainda), enfrentando constantes problemas financeiros ou, como no caso da minha mãe, sendo criticada por causa da boca suja por alguém que nem de longe sabe cuidar tão bem do jardim quanto você.

• •

Quando não controlamos a mente, corremos o risco de construir nossa vida sobre alicerces fajutos.

• •

O domínio do mindset, ou estado mental, é importante em todos os campos da vida, sendo particularmente crítico quando se trata de dinheiro porque este desempenha um papel decisivo no planeta. Literalmente não podemos funcionar sem ele. Dar-se conta de que saímos de casa sem a carteira é tão alarmante quanto perceber que deixamos o jornal no metrô ou esquecemos a vovó no posto da estrada. Não se passa um dia sem que usemos dinheiro, ou algo que compramos com o dinheiro, ou sem que tenhamos alguma experiência de alguma maneira ligada ao dinheiro. Nem. Um. Único. Dia. O dinheiro está nos caminhos que percorremos, na comida que comemos, na música que ouvimos, na liberdade de que desfrutamos, nas aventuras que temos, nos bebês que geramos, nas duchas que tomamos, nos poemas que escrevemos, nos narizes que assoamos — ele está em toda parte, como a poeira ou a tentação.

E, no entanto, raramente paramos para investigar como nos sentimos a respeito do dinheiro, se é que já o fizemos, ou como falamos dele, ou mesmo que diabos vem de fato a *ser* o dinheiro. De modo que vou parar agora mesmo.

O DINHEIRO É UM MEIO DE TROCA

Nos tempos antigos, antes da invenção do dinheiro, as pessoas trocavam bens e serviços pelo escambo. Faziam coisas do tipo construir um muro de pedra para alguém em troca de um monte de peles de animais e um saco de sal ou trocar um castelo por duas filhas de alguém. Até que se tornou inconveniente demais andar por aí carregando peles e pedras, e levava tempo demais construir alguma coisa, de modo que os seres humanos tiveram a ideia do dinheiro, atribuindo um valor às moedas e cédulas, e hoje em dia precisamos apenas pegar a carteira, em vez de lançar mão de cinco dos nossos camelos, para comprar um carro ou qualquer outra coisa.

O dinheiro é uma unidade de medida usada no ato de dar e receber. Ao contrário do que reza a crença popular, o dinheiro em si mesmo não é bom nem ruim, amigo nem inimigo, sujo nem limpo — é simplesmente neutro, preocupado apenas em cuidar do que é seu e não ficar preso numa máquina de refrigerantes. O dinheiro é apenas o mensageiro. O que fazemos com ele e o que pensamos, sentimos e dizemos a seu respeito é que lhe confere personalidade. E dependendo da personalidade que lhe atribuamos, desejaremos estar sempre cercados ou fugindo dele como o diabo da cruz.

O motivo pelo qual pensar que o dinheiro é ruim ou sujo (o que significa na realidade não estar pensando) e reforçar esses pensamentos falando mal dele é uma das principais causas de viver "quebrado". Por exemplo, aqui vai algo que você já pode ter pensado e/ou dito:

O DINHEIRO É A CAUSA DE TODOS OS MALES.

Sim, nosso mundo está cheio de horrores e injustiças inomináveis causados pelas coisas que as pessoas fazem pelo dinheiro, mas os danos são motivados por essas pessoas, e não pelo dinheiro. É como afirmar que os carros são intrinsecamente maus porque as pessoas se transformam ao volante em idiotas bradando obscenidades ou que o facão de descascar legumes é detestável só porque você cortou o dedo uma vez. O dinheiro, os automóveis e os facões também são veículos de grande alegria e aventuras saborosas, além de serem excelentes presentes de casamento.

Como dizia a grande Ayn Rand, já falecida: *O dinheiro é apenas uma ferramenta. Pode levá-lo aonde você quiser, mas não pode substituí-lo como motorista.*

Existem na língua que falamos muitas palavras de significado permeável. Às vezes é difícil perceber onde começa uma e acaba outra. Por exemplo: amor/erotismo, ser bonzinho/mentir, confiante/bêbado. Em se tratando do desejo de ganhar dinheiro, a palavra com a qual mais comumente vem a ser confundido é "ganância", especialmente quando se está falando das raízes de todo mal e bobagens do gênero. Em todos esses exemplos, a disposição de separar um momento para descobrir a verdade pode poupar de muitas decepções e dores de cabeça. Sejamos, então, claros:

Ganância: *Desejo insaciável, excessivo e egoísta de mais, mais e mais.* Outra expressão muitas vezes confundida com dinheiro é "ânsia de poder": *Exercer influência de modo tirânico e excessivamente cruel.* E não vamos esquecer do bom e velho "corrupto": *Moralmente falido, voltado exclusivamente para o lucro, sem dar a menor para o que diz a lei ou como seus atos afetam os outros.*

Aqui vão algumas outras maneiras de como as pessoas frequentemente usam incorretamente a palavra "dinheiro":

O dinheiro estraga tudo.

Dinheiro e amizade são como água e óleo.

O dinheiro transforma pessoas boas em monstros.

Dureza, não é mesmo? Mas o fato é que o dinheiro não invade a sua casa e lhe dá um murro a troco de nada, está apenas tentando ajudá-lo a comprar coisas. Aqui vai algo mais que é importante ter em mente a respeito do dinheiro, se você quiser botar a mão na massa e ganhá-lo em grande quantidade.

DINHEIRO É MOEDA DE TROCA, E MOEDA DE TROCA É ENERGIA

O dinheiro é uma lousa em branco que adquire valor pela energia e o significado que lhe atribuímos. Por exemplo, a quantia que você ganha limpando o jardim da senhora que mora em frente a sua casa tem uma energia muito diferente de qualquer quantia que for roubada do bolso de alguém no metrô. A mesma cadeira capenga que você compra num brechó por US$10,00 poderia valer US$10.000 se David Bowie a usasse em sua turnê. Certos artistas cobram US$2.000 por suas pinturas, outros, US$20.000. Quando você é contratado para fazer algo e se dá conta no meio do caminho de que cobrou pouco demais, a sua remuneração, quando finalmente chega, mais parece um insulto. Ou se, pelo contrário, cobrou demais, você se sente culpado e por baixo. E se cobrar o valor exato, você se sente exultante. Dar e receber dinheiro é uma troca de energias entre as pessoas, e cabe a você alinhar conscientemente sua frequência com o dinheiro que deseja manifestar. Isto significa ter clareza quanto ao valor do produto ou serviço que está oferecendo, sentir-se animado e grato, e não estranho e culpado, pelo fato de receber dinheiro por ele e ter total confiança em que esse dinheiro está a caminho, em vez de se preocupar com a eventualidade de que não apareça.

Aqui vai um conceito que é muito importante entender: o dinheiro sempre chega a você por outras pessoas, mas ele vem da Inteligência Universal, como todas as outras coisas. E por isso, quando se quer enriquecer, a chave é focar na própria frequência, e não nas pessoas com as quais esperamos ganhar dinheiro. Por exemplo, digamos que você precisa ganhar US4.000 para mandar a vovó de primeira classe para a convenção de colchas de retalhos em Nova Scotia, à qual ela sempre sonhou comparecer. Você decidiu vender seu bonequinho do Obi-Wan Kenobi para levantar dinheiro, e já tem alguém seriamente interessado. Eleve sua frequência para sintonizar com a frequência dos 4.000 que estão vindo na sua direção, em vez de focar na pessoa específica da qual espera obtê-los. O principal a ter em mente é o fato de que você está transferindo para alguém a mais espetacular lembrança de *Guerra nas estrelas*, com direito ao sabre de luz, em troca do dinheiro que deseja e merece. Imagine vovó conversando animadamente com o pessoal na primeira classe, bebericando seu champanhe de graça, pedindo sugestões sobre os retalhos a serem escolhidos para a sua colcha. O foco deve estar no seu desejo desse dinheiro e na finalidade que atenderá, na sua empolgação em compartilhar algo de valor com alguém para conseguir o dinheiro, no claro sentimento do quanto isso vai alegrar a pessoa, na sua gratidão pelo fato de esse dinheiro estar a caminho, puxa vida, está mesmo!, e na sua convicção de que o Universo o sustém.

•••
As pessoas estão para o dinheiro assim como a batata frita para o ketchup: São apenas o veículo.
•••

Não só não é da sua conta tentar induzir alguém a fazer algo, como o fato de focar em determinada pessoa, que pode ou não ser o veículo para o dinheiro que você busca, poderá mantê-lo afastado da pessoa com uma mala cheia de dinheiro que o Universo está tentando colocar em contato com você. É como decidir que você vai atrair o amor da sua vida. Você foca nas qualidades dessa pessoa, no entusiasmo por estar ao seu lado, na alegria de saber que ela também está à sua procura, e faz coisas como sorrir com frequência, rabiscar coraçõezinhos a todo momento, deixar a casa perfumada como um buquê de noiva — são as suas tarefas. Mas não vai passar o dia tentando convencer o motoqueiro gostosão, mas absolutamente indiferente da cafeteria ao lado, sem nada em comum com você, de que você é seu único e verdadeiro amor, assim perdendo a oportunidade de se aproximar daquele narigudo incrível que é simplesmente perfeito para você. O mesmo quando se trata de ganhar dinheiro — você se incumbe da parte energética, alinha pensamentos, atos e palavras com o que deseja criar e entrega o resto ao Universo.

É tudo uma questão de troca de energias. Aprendi muito a esse respeito na época em que prestava meus serviços de coaching aos amigos, com desconto ou gratuitamente. O fato de eu estar desvalorizando meu trabalho lhes dava uma boa desculpa para desvalorizar seus próprios esforços: eles não tinham incentivos para se mostrar à altura da oportunidade e realmente se esforçar, pois literalmente não havia investimento. No fim das contas, eu estava prestando a todos um desserviço ao baixar a frequência em torno do dinheiro, em vez de exigir que todos nos comportássemos como adultos e pagássemos pelo que tinha de ser pago. Esses "favores" eram uma enorme perda de tempo para todos os envolvidos, e podiam ter sido evitados se eu não estivesse num lugar em que me sentia estranha e envergonhada por cobrar de amigos.

Como o dinheiro é moeda de troca, e moeda corrente é energia, quando você se encolhe e baixa seus preços para agradar a alguém, está basicamente dizendo algo do tipo: "Não creio que você seja capaz de crescer e viabilizar o dinheiro que deseja para trabalhar comigo. Não creio que você tenha esse poder. Também não me julgo no direito de cobrar o que considero justo ou capaz de assumir a responsabilidade de estabelecer um preço." O fato de não reduzir meus preços não significa que não seja capaz de doar dinheiro e serviços, oferecer ajuda, vender coisas etc., mas só o faço se houver uma energia limpa, ou seja, vinda de um lugar de poder e possibilidade, e não de insegurança, vergonha, incerteza, um lugar de falta, do tipo "sou um amigo ganancioso", "um mau amigo" etc.

O dinheiro é um recurso renovável. Vem e vai, num fluxo e refluxo permanente, destinado sempre a mover-se. Quando relutamos em gastá-lo ou nos sentimos mal por recebê-lo, bloqueamos seu fluxo natural, ficando num lugar de falta e não de abundância, e nossa energia se transforma em *richus interruptus*. Até coisas aparentemente insignificantes como deixar uma gorjeta generosa para a garçonete ou pegar uma moeda encontrada na calçada, em vez de deixá-la, ou aceitar que o vizinho lhe pague por cuidar do cachorro dele o dia inteiro, embora você pudesse perfeitamente fazê-lo de graça, tudo isso vem de uma energia de abundância e de uma relação saudável e feliz com o dinheiro. Você reproduz aquilo em que foca sua atenção, de modo que, se o plano é enriquecer, terá interesse em focar o máximo possível na abundância. Dê o máximo que puder com a maior frequência possível, receba com gratidão e alegria, pense no dinheiro como um amigo, eleve sua frequência e entre no fluxo.

HISTÓRIA DE SUCESSO: SE ELA PODE, VOCÊ TAMBÉM PODE.

De que maneira Joe, 40 anos, atraiu dinheiro e passou de uma renda anual de US$40.000 para US$100.000:
Em matéria de aumentar minha renda, era eu próprio o maior obstáculo. Não achava que merecesse di-

nheiro e era excessivamente crítico comigo mesmo, uma atitude autodestrutiva.

Comecei a ler e ouvir muitos e muitos livros e áudios de autoajuda. A ida para o trabalho na época levava uma hora, e eu ouvia pelo menos duas horas diariamente. A virada começou quando me dei conta do quanto o Universo/Deus queria me dar tudo que eu quisesse. E precisei então parar de impedir meu próprio caminho, pois o grande lance é que você precisa querer de verdade, de tal maneira que acredite que já é mesmo seu.

Trabalho num ambiente corporativo, e comecei a subir na carreira ao passar a me esforçar e mudar minha atitude mental. Assumi mais responsabilidades e tratei de sair o máximo possível da minha zona de conforto.

O que me nutre é ter sempre em mente por que, para começo de conversa, iniciei esse trabalho: porque adoro ajudar as pessoas, adoro usar minha capacidade intelectual, adoro ser permanentemente desafiado, adoro o clima de companheirismo no escritório. Também tenho em mente que não quero ficar preso no lugar onde estava quando o projeto teve início. A sensação de realização é como uma droga.

Antes era difícil ganhar dinheiro, mas agora eu tenho dinheiro ao meu redor o tempo todo e o atraio. Geralmente pago tudo com cartão de crédito, mas faço questão de ter sempre algum dinheiro em diferentes pontos da casa. Não para gastá-lo necessariamente, mas como um lembrete inconsciente de que o dinheiro está em toda parte e eu só preciso estender a mão e pegá-lo. Tudo bem... eu sei... É meio vulgar... Mas comigo funciona. Ajuda a descartar a ansiedade quando acontecem coisas inesperadas e a situação aperta. Superar o medo – acessar a raiz do medo e lidar com ele.

PARA ENRIQUECER

Sugestão de Mantra do Dinheiro (para dizer, escrever, sentir, apropriar-se):
Eu gosto de dinheiro porque é a origem de muita coisa incrível.

1. Escreva cinco palavras positivas referentes ao dinheiro.

2. Pratique dizer "obrigado" toda vez que receber dinheiro, diga a si mesmo "Está vendo só?, o dinheiro gosta de mim, não consegue ficar longe", dê uma corrida da vitória ao redor da sua casa, beije seus cheques, comemore o incrível dom de estar no fluxo da abundância – reconhecimento é uma coisa que vai e volta. Faça isso se receber dinheiro pelo correio, se ele se manifestar como juros ou investimento, se lhe for entregue por uma pessoa etc. Saboreie a sensação de gratidão e a alegria de estar no fluxo monetário.

3. Durante uma semana, passe diariamente pelo menos cinco minutos sentado em silêncio em conexão com a energia do dinheiro. Imagine dinheiro fluindo ao seu redor, enchendo-o, entrando e saindo do seu coração. Além disso, passe o dia inteiro entrando o máximo possível nessa sintonia.

4. Deixe dinheiro em vários lugares da casa para se acostumar a vê-lo o tempo todo. Lembre-se do quanto ele é abundante. Faça como se fosse na caçada ao ovo da páscoa.

Preencha o espaço em branco:
Sou grato pelo dinheiro porque _____.

CAPÍTULO 4

O MELHOR A FAZER PARA SE LIBERAR

Em dado momento da jornada de superação da minha vulnerabilidade financeira, participei num fim de semana de um seminário intitulado Mentalizar Dinheiro como um Milionário! Não me recordo dos detalhes, mas provavelmente foi em Las Vegas, provavelmente num salão de conferências bem fuleiro de algum hotel, decididamente fora da minha zona de conforto. Quando entrei na casa dos quarenta, houve um período de aproximadamente uns três anos em que eu frequentava o tempo todo esse tipo de evento. Esse seminário especificamente ocorreu algum momento depois de eu abrir meu negócio on-line de suporte a escritores querendo publicar seus livros, antes de arrumar um prejuízo de seis dígitos pela primeira vez e meses depois de me mudar de *chez garage* para uma casa construída para seres humanos. Em geral eu tinha de me arrastar para esses seminários, pois me sentia muito deslocada. Não que não precisasse desesperadamente me informar, e sabe Deus como precisava, mas porque se fosse vista por um amigo nesses lugares com um crachá no peito, discutindo a força da gratidão no meu grupinho, participando da sessão de perguntas e respostas "Quem é um ímã de riqueza?", "Eu sou um ímã de riqueza!", "Não ouvi bem!", "EU SOU UM ÍMÃ DE

RIQUEZA!", jamais seria capaz de me recuperar. Em outras palavras, eu me sentia acima de tudo aquilo. Muito superior. Mais ou menos como essas pessoas que adoram viajar (turistas) e adoram comentar (eu) como determinado lugar seria maravilhoso se não houvesse tantos turistas. Basicamente, estava obcecada pela ideia da autotransformação, especificamente a minha autotransformação, fascinada por conceitos como a Lei da Vibração e o poder do mindset, e me dei conta de que queria tornar-me coach das coisas básicas da vida no mesmo nível que o cara que estava ali no palco, e em vez de passar o resto da vida como a Moça com o Livro no Colo. Mas me envergonhava de admitir tudo isso por medo do que meus amigos e conhecidos pudessem pensar. Ainda era na época em que a esse tipo de aconselhamento, o chamado *life coaching*, era atribuído a mesma legitimidade altamente questionável que se reconhecia (reconhece?) aos poderes mediúnicos ou aos tônicos capilares. *E que história é essa? É como uma terapia? Tem exercícios físicos?* Embora ninguém nunca dissesse nada, meus amigos e minha família estavam de olho em mim.

De qualquer modo, o seminário era promovido por um coach que há algum tempo despertara meu interesse, mas com o qual eu ainda não havia trabalhado. Eu estava no seu mailing, lera todos os seus boletins e descobri que era um orador brilhante e cativante. Não sei bem por quê, ele dizia coisas que eu já ouvira um milhão de vezes e de repente a luzinha se acendia, eu me levantava da cadeira, punho cerrado para o alto, soluçando com a descoberta de um novo horizonte. "SOU MESMO um ímã de riqueza, caramba! Eu sou", *sniff*, "sou mesmo." Eu sabia que era ele o cara com quem eu precisava trabalhar para transformar completamente minha vida, meu negócio e descobrir o segredo de ganhar constantemente na esfera dos seis dígitos, com facilidade, feliz e de preferência bebericando um coquetel de frutas em alguma praia.

No último dia do seminário, quando já compreendíamos plenamente a profundidade do nosso ilimitado potencial, o instrutor nos ofereceu duas novas oportunidades de trabalhar com ele. Uma delas, num pacote de coaching de grupo com participação presencial duas vezes por ano, mais apoio por telefone e e-mail, animação de grupo, etc., por US$15.000. E havia também o pacotão "de responsa" para trabalhar o ano inteiro em contato direto com o mestre. Essa alternativa era para aqueles que não estivessem ali para brincadeira, prontos para transformar completamente suas realidades financeiras e perfeitamente sabedores de que ele era o mentor certo para nos levar até lá. Numa palavra, eu. Era exatamente o que precisava. E custava US$85.000.

Na época, eu já tinha investido milhares de dólares em coaching — particular, de grupo, qualquer coisa, não importa como, simplesmente me ajude a sair desse buraco —, e cada ocasião significava para mim um enorme e aterrorizante estresse financeiro. Mas toda vez que eu trabalhava com o coach certo alcançava resultados, por dois motivos. Primeiro, porque sou uma excelente treinanda — adoro aprender e me sentir desafiada, sou maleável, motivada, uma vez tomada minha decisão, apavorada com a perspectiva de ter problemas por não ter feito minha parte, etc. Também tinha oficialmente chegado ao limite das minhas possibilidades de sofrimento por me sentir à mercê do dinheiro, e já saboreara suficiente número de pequenas vitórias para saber que podia arrebentar a boca do balão e chegar onde quisesse, com boa orientação.

Mas US$85.000 não era brincadeira! A simples ideia de alguém como eu botando a mão num dinheiro assim parecia absurda, tão inconcebível quanto dar uma parada em Saturno para tomar um sorvete ao voltar para casa. Era um caminhão de dinheiro. Mais que a minha renda anual. Meus amigos parariam de simplesmente rir de mim e resolveriam interferir. E, no entanto... Como eu passara os últimos três dias levantando minha frequência e meu punho, expandindo minha percepção muito além dos limites da minha atual "realidade", eu não estava pensando que aquele sujeito podia ser um vigarista de primeira, estava pensando como é que poderia arrumar aqueles US$85.000.

No exato momento em que mudei a maneira de pensar, passando de *Nem pensar* para *Deve haver alguma maneira* num átimo de segundo, dei-me conta de qual teria sido talvez o maior obstáculo que a vida inteira me impedira de ganhar dinheiro. Há toda uma série de truques capazes de nos ajudar a desencavar nossas mais arraigadas crenças inconscientes de aversão ao dinheiro, e vou começar pelo mais poderoso, que é o seguinte: atirar-se no fogo. Correr de peito aberto na direção do seu maior medo. Tome iniciativas audaciosas na direção dos seus sonhos e não se deixe intimidar pelo fato de estar mijando nas calças. No meu caso, o fato de ao mesmo tempo aceitar uma mudança tão gigantesca e perceber que poderia e haveria de crescer e me tornar visível se me empenhasse nesse nível, transportou-me para uma realidade alternativa. A possibilidade do dinheiro e do sucesso parecia realmente, realmente, mas realmente verdadeira pela primeira vez, e botou o Pequeno Príncipe em mim para correr apavorado.

É a sensação que você tem ao dar um salto gigantesco na vida: partes iguais de empolgação e terror. E se conseguir continuar na briga, um dos muitos resultados gloriosos pode ser que você pire tão enlouquecedoramente o seu subconsciente (lembre-se: ele está tentando mantê-lo seguramente confinado na sua zona de conforto) que ele vai se levantar, atirando para todos os lados, e se apresentar a você como um faisão sendo posto para correr de uma moita. Foi exatamente o que me aconteceu. Ao ter um pensamento que nunca havia concebido antes e que estava muito longe da minha zona de conforto, a saber, *Sou uma pessoa capaz de investir US$85.000 em um programa de treinamento e de me tornar inacreditavelmente bem-sucedida*, uma das minhas crenças mais sombrias e profundas, escondida bem lá no fundo do meu inconsciente, surgiu diante de mim, coberta de lodo e algas marinhas, mas clara como água. E era a seguinte: se me tornasse uma mulher financeiramente bem-sucedida, meu adorável pai, que trabalhou a vida inteira para cuidar de mim e me sustentar, ficaria arrasado, derrotado e abandonado, pois eu não precisaria mais dele.

De pé na fila esperando para entregar meu cartão de crédito e fazer a transferência, veio-me uma imagem do meu doce e velho pai, no seu suéter amarelo de gola em V sem o qual nunca fora visto, contemplando os próprios tênis com as mãos nos bolsos, sem saber o que dizer nem fazer. Embora ele não me sustentasse mais, seu método preferido de me demonstrar amor, de se sentir necessário e valorizado, era me dar dinheiro, e eu me dei conta de que subconscientemente acreditava que se enriquecesse estaria rejeitando seu amor e praticamente apunhalando-o no coração.

Essa percepção foi de longe uma das mais importantes informações que recebi em toda a vida, à parte saber que Jeff Rumarez estava a fim de mim na nona série. Tendo me apropriado dessa dor em relação ao meu pobre e velho pai, eu pude questionar, aplacar e reformular minha limitada crença subconsciente e crescer de novas e extraordinárias maneiras...

MANDANDO VER, DICA Nº 1: EXPULSE OS SEUS MEDOS.

Pense em algo que você possa fazer agora mesmo para dar um passo de gigante em direção a sua meta de enriquecer. Certifique-se de que seja algo assustador, algo que você realmente preferisse não fazer por ser muito desconfortável, algo que lhe dê ânsias de vômito — por exemplo, alugar o enorme galpão que vai abrigar sua nova fábrica de bolsas, atravessar o país de avião e imaginar como se apresentar ao sujeito que está contratando para o emprego de engenheiro para o qual você é o candidato perfeito, telefonar para dez clientes em potencial com os quais nunca teve contato, contratar um novo empregado em tempo integral etc. Observe as eventuais crenças limitantes subconscientes que, em consequência, podem sair amedrontadas do esconderijo, e se alguma coisa aparecer, anote. Ou até tenha lá o seu colapso. Em público. Como aconteceu comigo. Eu desmoronei num tal estado de histeria soluçante no meio daquele seminário que só sobrevivi porque não queria passar os meus últimos dias de vida em Las Vegas. Mas depois me senti ótima. Foi como expelir algo que realmente precisava sair do meu sistema. Senti-me mais leve, aliviada, como se finalmente tivesse recebido autorização para crescer.

Depois de desvendar sua crença imprestável até então desconhecida, leve algum tempo experimentando os sentimentos que acaso venham. Isso mesmo: faça uma pausa, reconheça e deixe sair do seu sistema qualquer tristeza, frustração ou mágoa: *Maldita crença subconsciente limitante! Por sua causa passei meio século comendo miojo em vez de jantar frutos do mar!* Deixe que seus sentimentos extravasem, mas não fique nesse lugar pelo resto da vida. Seu Pequeno Príncipe tentava mantê-lo vivo e amado, e agora que já teve seu ataque de fúria, volte a atenção para o caminho à frente, e não para ressentimentos do passado.

Ao descobrir o que atrasa sua vida e ao buscar uma oportunidade de abrir mão do que lhe reprime, comece a abrir caminho para uma nova história, usando os elementos específicos do que já aprendeu. Por exemplo, eu visualizava meu pai sentindo-se feliz e orgulhoso do meu sucesso financeiro. Imaginava-me dizendo-lhe o quanto o amava, agradecendo-lhe por ter sido um modelo tão incrível e sentia que ele ficava aliviado pelo fato de eu já ser capaz de cuidar de mim financeiramente. Outra coisa que fiz, e ainda faço, é deixar que ele me dê dinheiro. Hoje tenho muito mais consciência do quanto isso o alegra, o que por sua vez também me deixa feliz, e minha nova compreensão da energia assim trocada faz com que eu receba o dinheiro com gratidão e amor pelo meu pai ainda maiores do que quando de fato precisava. Ele não tem a menor ideia de nada disso (humm, papai, será que você está lendo isso?), e não é esta a questão — são coisas que pertencem a você, crenças que você mesmo criou, e a questão é liberar a energia que está dentro de você, e não envolver outras pessoas na sua sessão de terapia.

MANDANDO VER, DICA Nº 2: ATENÇÃO AO QUE FALA.

Se eu lhe disser "Você não é capaz de ganhar dinheiro porque é muito burro", isso provoca em você um pensamento e um sentimento, exatamente como "Você é incrível, infinitamente poderoso, e eu te amo" suscita igualmente um pensamento e um sentimento. Seus pensamentos são a super-rodovia para o mundo espiritual, que é onde fica a Inteligência Universal, lixando as unhas, à espera do seu pedido. E como as palavras e os pensamentos são amigos íntimos que compartilham tudo, concluem as frases um do outro, se apoiam e passam informações e emoções de um lado a outro como bilhetinhos de cola no colegial, se você estiver falido ou não estiver como quiser estar financeiramente, pode estar certo de que sua linguagem comporta algumas melhorias. Assim como as iniciativas radicais podem desenterrar crenças ocultas, o mesmo sucede quando começamos a prestar atenção no que sai da nossa boca. As palavras são insuperáveis quando se trata de revelar seus pensamentos e crenças ocultos em relação ao dinheiro.

Felizmente, o processo de aperfeiçoamento no que diz respeito às palavras é bem fácil. Basicamente você precisa apenas tomar a decisão de prestar atenção. Agora que se comprometeu a ler este livro e se entender na esfera do dinheiro, assuma o compromisso de se tornar consciente da sua linguagem. Adote o seguinte mantra: *Vá mais devagar e feche a boca.* Acostume-se a respirar fundo antes de falar. Assim, terá espaço para parar, observar o que estava para sair da sua boca e corrigir o rumo, caso seja necessário.

Outro excelente truque é prestar atenção no que as outras pessoas dizem (o que, bem sabemos, é bom de maneira geral). Você terá a oportunidade de pensar: *Hummm, é assim que eu falo?* O que em geral é muito esclarecedor, pois as pessoas com quem costumamos estar frequentemente tendem a compartilhar a nossa visão da realidade, e, portanto, a verbalizar as mesmas crenças que nós sobre o dinheiro.

Aqui vão algumas frases a serem observadas, seja nos outros ou em você mesmo:

Eu quero (= eu não tenho)

Eu gostaria (mas não estou no controle = abrir mão do próprio poder)

Eu preciso (pois não tenho = falta)

Eu não posso (óbvio)

Estou tentando (mas não me sinto comprometido)

Espero (pode acontecer/ou não = falta de convicção)

Eu deveria (mas talvez não, nem talvez queira)

Não sei (dito como a verdade, fecha a porta à descoberta)

Aqui vão algumas ótimas substituições:

Eu tenho

Eu crio

Eu sou grato

Eu desfruto

Eu posso

Eu escolho

Eu amo

Além disso, duas palavras com as quais devemos ser particularmente cautelosos são "eu sei".* Nada é mais suscetível de fechar rapidamente a porta a novas investigações ou a ações radicais do que *Sim, eu sei que é importante ter consciência dos meus pensamentos. Nem precisa explicar — próximo assunto!* São palavras muito traiçoeiras, pois tendemos a achar que causamos excelente impressão por saber das coisas, quando na realidade, não importa o quanto "saibamos", sempre haverá novos aspectos da história, gigantescos saltos da fé e uma infinidade de perguntas que poderiam expandir espetacularmente nossa consciência. Especialmente no reino da autoajuda, no qual muitas vezes precisamos ouvir as coisas muitas e muitas vezes até acontecer aquele estalo, é fundamental manter-se curioso e questionador.

Outra coisa que acontece com "eu sei" é que nos impede de receber informação da Inteligência Universal. Quando estamos muito convencidos do que nosso cérebro nos diz e apegados a isso, perdemos a chance de receber esse conhecimento muito mais profundo. O que estamos fazendo, basicamente, é agir como se fôssemos mais inteligentes que a Inteligência Universal, que criou tudo que há no nosso Universo infinito, ao passo que nós mal conseguimos lembrar que dia da semana é hoje.

★ NOTA IMPORTANTE SOBRE "EU SEI": Você está autorizado a usar "eu sei" quando se tratar de confirmar algo incrível, como em "Eu sei que posso fazer isso, eu sei que sou o máximo" etc.

O que nos leva à minha próxima dica.

MANDANDO VER, DICA Nº 3: FECHE AINDA MAIS A BOCA.

Um dos meus provérbios favoritos é: "Certa vez, um sábio não disse nada." Adoro esta citação em muitos níveis, pois nos lembra que, quando nos calamos, paramos de atrapalhar e ouvimos essa sabichona, conhecida como nossa intuição, e o Universo, o que nos faz alcançar a verdadeira sabedoria. Que passa a fluir através de nós. E também que muito do que sai pela nossa boca são coisas do tipo *Olhem para mim! Vou contar cinco milhões de coisas incríveis a meu respeito para vocês me amarem! Vou zombar de mim mesmo para ninguém mais ter tempo de fazê-lo e eu não me sentir um imbecil.* As palavras são poderosas ferramentas de conexão com nossos semelhantes, permitindo-nos compartilhar informação, amor, humor, ideias, receitas de bolo. Quanto mais você diminuir o ritmo e fechar a boca, mais chances terá de fazer escolhas certeiras, e mais espaço terá para se perceber no ato e perguntar: *Por que irei dizer isto?*

Uma das melhores maneiras de eliminar o barulho no nosso cérebro e descobrir o que está oculto é a meditação. Sentar em silêncio consciente. Ainda que sejam apenas cinco minutos por dia, se você o fizer todo bendito dia, a diferença será de tal ordem que você nem vai acreditar no fato de não ter feito isso muito antes, sentar e fechar a boca. Marque o tempo, sente-se confortavelmente, concentre a atenção na respiração, observe os pensamentos que se manifestam e suavemente os afaste, voltando novamente a atenção para a respiração. Recomendo fortemente manter um caderno de anotações à mão para registrar eventuais pensamentos que você queira mais tarde recordar e investigar. Antes de sentar, faça uma pergunta a respeito de algo que o esteja preocupando no momento, como *Que pensamentos sobre o dinheiro estão bloqueando o meu fluxo?*.

Outro exercício revelador é a visualização. Separe cinco ou dez minutos para imaginar-se vivenciando um dos seus desejos específicos de riqueza. Digamos que um dos motivos pelos quais quer ser rico é levar sua família numa viagem a Barcelona. Veja-se lá, sinta a sensação, os cheiros, visualize o lugar onde se hospeda, tudo aquilo que vê, come, compra ou grita para reclamar da irritação do motorista de táxi. Imagine o que as pessoas pensam do fato de você fazer essa viagem, e o que você pensa disso, por sua vez. Permaneça nessa sensação e verifique se aparecem crenças distorcidas do tipo não merecer viajar ou ser egoísta demais ou *Tanta gente passando necessidade nesse mundo e você gastando seu dinheiro no Museu do Presunto?*. Anote o que surgir e questione.

MANDANDO VER, DICA Nº 4: TENHA UMA CONVERSA "AQUI ENTRE NÓS" COM O DINHEIRO.

Tenha consciência ou não, o fato é que você tem uma relação com o dinheiro. Se não tiver dinheiro nenhum é porque, se tratasse as pessoas na sua vida com a mesma consideração com que trata o dinheiro, passaria todo Natal comendo peru sozinho. Uma das melhores maneiras de descobrir como se sente realmente a respeito do dinheiro é escrevendo uma carta para ele como se fosse um indivíduo. Pessoalmente, acho esse exercício realmente extraordinário, e recebi de clientes e leitores a notícia de que também se deram conta de que estavam agindo como autênticos patetas em relação ao dinheiro. Na época, minha carta ao dinheiro era mais ou menos assim: *Querido dinheiro, eu o amo e gostaria de tê-lo em maior quantidade, mas tenho uma raiva danada de precisar de você. Você não está disponível quando eu preciso, não confio nada em você, sinto-me culpada de reconhecer que o desejo, mas fico empolgadíssima toda vez que aparece. Preocupo-me com você o tempo todo. Gostaria de não precisar de você. Você é mesmo um saco. Por favor, pelo amor de Deus, trate de aparecer logo, logo em quantidades fenomenais.* Era de tal ordem essa minha relação de amor e ódio com o dinheiro, exatamente como acontece com a maioria das pessoas, que muito me admira ter sido capaz de ganhar algum. Minha energia estava toda voltada para bloqueá-lo, ao mesmo tempo em que tentava abrir-lhe os braços.

Aqui vão alguns trechos de cartas enviadas por leitores para mostrar que você não está sozinho na sua loucura em relação ao dinheiro:

Querido dinheiro,
 Sinto-me confiante e seguro quando você está aqui, e gosto de gastá-lo quando está por perto. Sinto-me generoso com

os outros. Mas às vezes você vai embora sem se despedir. É como uma amante que aparece e desaparece quando lhe dá na telha, mas apesar disso eu sempre quero que você volte. O que me deixa ressentido e frustrado. Fico muito assustado quando você se vai por temer que talvez nunca volte. Sinto-me mal comigo mesmo. Por que você não é capaz de simplesmente gostar da nossa vida em comum?

Querido dinheiro,

Eu o amo e o respeito, e realmente me esforço muito para usá-lo com critério, mas muitas vezes sinto como se o estivesse tratando mal. Se não trabalhar muito, mas muito mesmo, não sinto que mereça tê-lo mais na minha vida. Bem sei todas as coisas maravilhosas que podemos fazer juntos: tirar férias incríveis, dar conforto à minha família, fazer doações a instituições beneficentes, mas apesar disso muitas vezes não sinto que mereça tê-lo mais em minha vida.

Querido dinheiro,

Eu o amo e tenho medo de você. Seria incrível tê-lo em maior quantidade, mas me sinto estranho tendo de reconhecer isso. Como se de alguma forma me tornasse uma pessoa má. E também não sei o que faria se dispusesse de você em quantidades fenomenais. Sinto que haveria de passar tudo adiante, pois não entendo nada de investimentos, de modo que provavelmente o estou impedindo de surgir, para não ficar parecendo tão imbecil.

Querido dinheiro,

Gosto muito de ter você por perto e quero mantê-lo em segurança, para que possa me ajudar caso surja uma emergência na minha vida. Mas temo que, se o tiver em muita quantidade, outras pessoas fiquem com inveja ou meu marido tente tomá-lo de mim. Não tenho uma formação nem alguma capa-

cidade que me faculte uma remuneração capaz de trazê-lo para mim na quantidade que desejo.

Querido dinheiro,
Eu realmente o odeio. Odeio sua capacidade de literalmente me causar dores físicas quando olho para as contas a pagar. Odeio o fato de meu estômago quase sair pela boca sempre que contemplo o saldo dos meus créditos universitários. Odeio que você tenha todo esse poder sobre mim. Gostaria mesmo de dedicar a vida a ajudar outras pessoas, mas me sinto obrigado a aceitar empregos de que não gosto para ganhá-lo em maior quantidade. Gostaria de poder recomeçar do zero com você. Quero estar num lugar de abundância e não de medo, raiva e arrependimento.

Ouvi falar de uma armadilha para macacos que é usada em certas partes da África e da Índia, e que representa uma grande metáfora da maneira como costumamos nos apegar a nossas crenças limitantes a respeito do dinheiro. Eles pegam uma caixa, abrem nela um buraco, prendem uma banana no seu interior, deixam-na onde os macacos costumam ficar e esperam. Quando um macaco se aproxima e vê a caixa, mete a mão lá dentro e agarra a banana, mas fica preso porque o punho com a banana é grande demais para passar pelo buraco. Para se soltar, ele só precisa largar, e, caso insista em segurar, ficará preso.

Não lembro quando ouvi pela primeira vez essa história, mas há anos ela circula no mundo do desenvolvimento pessoal, e tenho absoluta certeza de que não passa de invencionice. Para começar, como é que o macaco poderia saber que há uma banana dentro da caixa? Depois, como é que ele é apanhado quando estiver lá, preso com a banana na mão? Os caras passam o dia inteiro ali na selva, fumando e jogando cartas, à espera do macaco com suas redes prontas para serem lançadas? Um site chega a dizer que, quando viram o macaco, rapidamente o puseram num vaso. Um vaso! Conta outra.

Mas de qualquer maneira, eu decidi usar esta história porque:

a. Posso estar errada, e ela ser autêntica.

b. Ela ilustra muito bem uma tese que estou tentando provar.

c. E a tese é que inventamos essas histórias absolutamente fajutas e então precisamos apenas largá-las de lado, se quisermos transformar nossa vida e nos libertar, de modo que não poderia mesmo haver melhor exemplo para isso do que uma história que também não tenha nenhuma credibilidade.

Nós optamos por permanecer nas nossas histórias porque assim obtemos o que costumo chamar de falsos benefícios — preservamos nossa identidade de indivíduo falido, botamos a culpa pela nossa dureza em coisas externas (não tenho tempo, tenho sete filhos, a economia vai muito mal das pernas, não consigo encontrar uma caneta para fazer minha lista de tarefas), não precisamos nos forçar a sair da zona de conforto e correr o risco de fracassar, parecendo um idiota, perdendo dinheiro, mudando e ficando diferentes dos parentes e amigos — a lista poderia continuar infindavelmente, e se resume no seguinte:

•••
É preciso querer mais nossos sonhos do
que nosso drama.
•••

Nessa nossa empreitada para acabar com suas crenças limitantes, quero adverti-lo para o risco de ficar tão envolvido com o processamento dos bloqueios que esqueça de tomar iniciativas para mudar sua vida. Já vi muitos casos de pessoas que permanecem tão obcecadas com as próprias questões que passam anos escrevendo diários, frequentando retiros, desconstruindo chorosas o eu interior, como desculpa para não dar os enormes e assustadores passos à frente que são necessários. De modo que quero estimulá-lo a fazer as duas coisas ao mesmo tempo: investigar toda a sua baboseira e entrar em ação para ir adiante. Quero aqui reiterar que esses enormes e apavorantes passos na direção do desconhecido são a melhor maneira de assustar suas baboseiras e botá-las para fora. O trato é o seguinte: avançar e desencavar as porcarias. O principal é continuar avançando ao desvendar os medos e crenças mais arraigados, em vez de recuar para uma infindável autoanálise.

Não me orgulho propriamente de informar que, quando dei meu grande salto a respeito do meu pai no seminário sobre o dinheiro, fiz exatamente o que acabo de lhe dizer que não faça: não tomei imediatamente iniciativas para conseguir os US$85.000 e ir em frente com o meu objetivo. Dei uma recuada e me voltei para todos os meus velhos medos, dúvidas e preocupações, em vez de me manter focada na imperdível oportunidade que se apresentava a mim. Hesitei, e em vez de tomar a decisão e saltar corajosamente para o próximo capítulo da minha vida, retirei-me do salão de conferências e voltei para casa. Adoraria culpar o fato de que era uma quantidade absurda de dinheiro para mim, na época, mas o que me deixou na mão foi mesmo a minha falta de determinação e o meu medo, e não a quantia (um ano depois, acabei investindo exatamente esse valor, em outro treinamento).

Este ponto é realmente fundamental. Quando tiver uma pista do que o retém e se der conta do que precisa fazer para ir em frente, aja imediatamente. Você está combatendo crenças limitantes muito profundamente arraigadas e até o momento extremamente bem-sucedidas, e que ao longo de toda a vida têm representado a verdade para você. Se hesitar ao receber uma pista sólida, estará dando a essas crenças já conhecidas tempo e espaço para tomar conta de novo. A hesitação é a brecha pela qual passarão todas as suas desculpas favoritas, minando sua determinação e arrastando-o de volta à segurança da zona de conforto. Ouça sua intuição, confie na Inteligência Universal, e não nos seus medos, acredite que aquilo que deseja já existe e dê o passo largo da fera que você já é. Você éééé capaaaaaaz!

PARA ENRIQUECER

Sugestão de Mantra do Dinheiro (para dizer, escrever, sentir, apropriar-se):
Eu gosto de dinheiro porque está sempre à minha disposição.

1. Escreva as cinco palavras ou frases limitantes mais frequentemente usadas por você e pelas pessoas com as quais convive para se referir ao dinheiro.

2. Feche a boca, segure a onda e pare de usá-las.

3. Medite pelo menos cinco minutos diariamente. Antes de sentar-se, faça a pergunta: "Que crença me impede de ganhar dinheiro?" Anote as percepções que vierem, questione-as, formule uma nova história e repita-a para si mesmo, como vimos no capítulo anterior.

4. Descubra um motivo empolgante pelo qual queira ganhar dinheiro e passe cinco a dez minutos visualizando todos os detalhes. Observe se surgem crenças limitantes e, em caso positivo, siga as instruções do número 3.

5. Escreva uma carta ao dinheiro. Observe as crenças limitantes mais importantes e de maior carga emocional que se manifestam e trate de reformulá-las também.

6. Ouça sua intuição durante a meditação, a visualização ou simplesmente na vida cotidiana, e assim que tiver uma bri-

lhante ideia capaz de impulsioná-lo na direção dos seus sonhos financeiros, agarre-a. Invista nela como nunca antes. Dê o salto como o maior dos saltadores de todos os tempos. Preste atenção nos pensamentos cretinos que vierem em pleno salto e trate de reformulá-los, mas sem se deter para isso. A conclusão bem-sucedida deste exercício pode transformá-lo no maior dos feras. Uma possibilidade.

Preencha o espaço em branco:
Sou grato pelo dinheiro porque _____.

CAPÍTULO 5

O CLAMOR DO CORAÇÃO

Escrevi o primeiro livro desta série – *Você é fera* – numa fazenda do norte da Califórnia. O trato era que eu podia dispor de toda a propriedade de 60.000 m², com direito à deslumbrante casa ensolarada e vistas em todas as direções, se cuidasse do cavalo e das duas cabras. Tenho um certo medo de cavalos (e não é necessária uma autorização ou alguma formação para cuidar de um animal desse tamanho?) e não sabia nada sobre cabras, além do fato de serem capazes de mastigar até latas, mas adorava o lugar, e gosto muito de animais, e o fato é que essa estada acabou sendo um dos momentos mais felizes da minha vida.

Passava o dia sentada no sofá diante das enormes janelas, digitando no meu laptop enquanto contemplava as montanhas Diablo. As cabras passavam o dia sentadas na varanda em frente à porta de vidro de correr, olhando para mim, esperando em vão o momento de poder entrar. Às vezes se mexiam para perseguir o cavalo pelo quintal ou corriam à toda em direção uma à outra até dar com a cabeça, mas a maior parte do tempo ficavam olhando fixo para mim com seus olhos esbugalhados, agressivamente mastigando sua ruminação, insultadas, e não achando a menor graça naquela obrigação de ficar lá fora. De vez em quando, quando não dava mesmo para acreditar que eu ainda não tivesse levantado para convidá-las a entrar, tomavam uma atitude e se atiravam contra o vidro ou o esmurravam com as patas dianteiras.

Certo dia, tendo saído para fazer compras na cidade, voltei depois de umas cinco horas e dei com o cavalo sozinho na entrada da garagem. Embora fosse realmente um dos maiores cavalos que eu tinha visto na vida, era também um dos mais carentes e, raramente, ou mesmo nunca, ficava a mais de cinco metros de distância das cabras.

"O que está fazendo aqui sozinho?", perguntei ao sair do carro, detendo-me para ouvir o conhecido som de cascos de cabras batendo numa porta de vidro. Meu primeiro pensamento foi de estranheza, ante a eventualidade de que estivessem tentando entrar quando eu não estava em casa (elas eram tão carentes em relação a mim quanto o cavalo em relação a elas). E o segundo pensamento foi: *Minha. Nossa. Senhora.*

Dei-me conta de que elas não estavam tentando entrar. Estavam tentando *sair*.

Numa corrida em câmara lenta, cheguei até a casa, entrei, expulsei as cabras e fiz o que pude para fechar novamente a porta recém-danificada e montar uma barricada. E ali permaneci congelada, com as mãos na boca, dizendo "Ó meu Deus" muitas e muitas vezes sem parar diante do que meus olhos viam. Era como assistir ao "depois" de uma bacanal particularmente devastadora — épica, chocante e tão inacreditavelmente pavorosa que a gente não pode deixar de ficar olhando, embora não queira.

As cabras finalmente tinham tornado realidade o sonho impossível, derrubando a porta corrediça do trilho e empurrando a tela, que em seguida voltou a se fechar, deixando-as presas lá dentro sem mais nada a fazer senão destruir completamente o local durante cinco delirantes horas. O trabalhinho delas consistiu em pisotear todos os vasos de plantas, quebrando-os e espalhando terra, cacos e plantas esmagadas num raio impressionante. Puxaram o pano de prato da bancada onde eu pusera copos para secar, lançando ainda mais cacos de vidro por toda parte. E houve também os momentos cocô e xixi, ocorridos em cada um dos móveis e em todos os cantinhos imagináveis. Elas depositaram seus excrementos na minha cama, no sofá branco, na mesinha de centro, na mesa de jantar, no banco do corredor e no box do chuveiro. Havia um volume tão inacreditável de urina, na verdade, que cheguei a imaginar que haviam dado um jeito de trazer para dentro o cavalo, para se divertir também. Como *grand finale*, pularam muito até derrubar quase todos os quadros das paredes.

Minha primeira reação foi de choque, mas tenho de reconhecer que depois fiquei mesmo muito impressionada. Elas realmente haviam feito um trabalho e tanto. Qualquer um teria algumas lições a aprender com todo aquele detalhismo e o evidente orgulho que tinham do que eram capazes.

Aqui vão alguns segredos do sucesso lindamente preparados pelas cabras:

- Mastigar, pisotear e arrebentar quaisquer obstáculos no caminho.
- Não estar nem aí para as regras.
- Sonhar. Muito mais alto do que as cabras são autorizadas a sonhar.
- Nunca aceitar um não.
- Seguir o que manda o coração, não importa o que aconteça.
- Não desistir enquanto não alcançar o objetivo.

Abriu-se para elas todo um novo mundo, literal e metaforicamente. Elas transcenderam a condição de Animais de Quintal para se tornar Criaturas que Sabem o que é um Lençol de Mil Fios. Mudaram para sempre. Significa isso que se tornaram um pé no saco, mais destrutivas do que jamais foi qualquer cabra, o que não é pouca coisa. Embriagadas de poder por sua vitória e pela nova mentalidade de que qualquer coisa que desejem é possível, irromperam pelo portão e começaram a aterrorizar permanentemente a vizinhança. Pulavam sobre os carros estacionados, tentaram arrombar todas as portas corrediças de vidro que encontravam, derrubaram alimentadores de pássaros, destruíram jardins e perseguiram cãezinhos, ao mesmo tempo em que histericamente baliam, berravam, gargalhavam e mijavam onde bem quisessem, como uma dupla de psicopatas em festa. Eu rapidamente tratei de consertar o portão, tapei os buracos da cerca da propriedade e cobri meu carro com enormes folhas de compensado para mantê-lo a salvo, mas o cavalo e eu nunca mais olharíamos para as cabras da mesma forma. Estávamos os dois meio temerosos.

•••
Dúvidas, medos e as regras dos outros não combinam com um coração que abraçou uma missão.
•••

Para enriquecer, você precisa conectar-se com seu desejo de dinheiro com a mesma paixão de uma cabra que quer sair da varanda para a sala de estar. E o fundamental para isso é ter clareza quanto aos fatores em torno do seu Porquê: por que deseja esse dinheiro? Em que vai gastá-lo? Como será a sensação de ganhá-lo, gastá-lo e se refestelar na manifestação do seu Porquê tão importante? Apenas querer ficar rico não vai adiantar — é preciso haver um significado por trás do dinheiro; caso contrário, no momento em que ficar difícil, ou caro, ou alguém disser que você deve estar viajando se acha que pode enriquecer vendendo seu sorvete caseiro, você vai recuar de novo para a tranquilidade do seu cercadinho de cabra, em vez de fazer o que é necessário. Comece pensando no que o levou a lançar mão deste livro. De que maneira um volume maior de dinheiro vai enriquecer sua vida? De que maneira o enriquecimento vai mudar aquele que você vem sendo no mundo? Qual dos seus dons mais o deixa empolgado para compartilhar em troca de dinheiro? Em que esfera sente-se mais capaz de contribuir para seus semelhantes? Qual a sensação de doar um pouco do seu maior e mais safo eu aos outros?

Para ganhar mais dinheiro, você precisa entrar em contato com as emoções que o incentivam a ganhá-lo, pois são as emoções que o levam a agir. Para ganhar dinheiro de um jeito como jamais ganhou, terá de fazer muita coisa que nunca fez, o que vai apavorá-lo e desafiá-lo (e excitá-lo) intensamente. De modo que vai querer ficar realmente muito empolgado com o projeto de enriquecer e ter muita clareza quanto aos motivos pelos quais isso é tão importante para você. Eis as melhores maneiras de fazê-lo.

SEJA BEM ESPECÍFICO

O indivíduo comum mal se sente motivado a juntar o que precisa para ganhar a vida, com a eventual ousadia daquele par de sapatos absolutamente sem utilidade, mas superchique, e dificilmente vai reunir forças para ganhar uma quantidade de dinheiro capaz de mudar toda a perspectiva do mundo em que vive (vale dizer, de um frustrante lugar de limitações para uma ostra de deslumbramento). Não me entenda mal, toda pessoa tem essa capacidade, mas você precisa de uma intensa e ardente chama de desejo rugindo por trás das suas partes íntimas para assumir os riscos, fazer a reprogramação mental e persistir até alcançar sua nova e cintilante realidade financeira.

Para nos inspirar a ganhar dinheiro, aquele tipo excitante de dinheiro que jamais ganhamos, precisamos estar... excitados com a coisa. E como o dinheiro em si mesmo é um monte de papel e moedas sem qualquer significado, você terá de ter clareza cristalina quanto a sua destinação, o que ele representa para você e como o faz sentir-se. Será esta a chama. Aspirações vagas levam a resultados vagos; aspirações específicas podem arrasar quarteirão. E existem alguns motivos para isso:

1. A especificação dos detalhes permite que o Universo atenda sua encomenda.

    Você nunca entraria numa lanchonete pedindo um sanduíche assim: "Olá, tudo bem? Gostaria de um sanduíche, por favor." Pediria o tipo específico que deseja: "Rosbife, maionese sem mostarda, picles, alface, tomate, molho, por favor – mas não esse molho, prefiro aquele outro mais adocicado, pode ser?" E desse modo receberia o sanduíche específico que pediu. E ficaria satisfeito. O Universo também precisa de detalhes. Vai atender, ele sempre atende, mas se você focar exclusivamente em como seria incrível ganhar mais dinheiro, pode receber dez paus em vez dos dez mil paus que representariam uma mudança significativa na sua vida.

2. Os detalhes geram emoções, que nos infundem a pragmática determinação de fazer o que for necessário para alcançar nossos objetivos.

    Por exemplo, experimente os diferentes níveis de impulso emocional nas seguintes hipóteses:

    Você está preparado para enriquecer e decide ganhar mais 50 mil. Percebe como será excitante, imagina sua conta bancária com todos os novos zeros, sente o poder de investir essa quantia e se visualiza dando uma corrida da vitória no quarteirão. Embora tudo isso seja ótimo, não tem o mesmo tipo de carga emocional de algo mais específico, como decidir ganhar 50.000 a mais esse ano, e empregar 40.000 na reforma da cozinha, que vem se prometendo há anos. Você recortou fotos de cozinhas incríveis em várias revistas e as expôs num painel que contempla diariamente, orçou todo o projeto até a última maçaneta, imagina-se cozinhando alegremente até não aguentar mais, cercado dos amigos e da família. Sente o espaço, o cheiro da comida, visualiza os entes queridos apreciando o resultado e tem a satisfação de saber que criou tudo isso, pois é capaz de criar qualquer coisa. Quanto aos outros 10 mil, decidiu que vai doar a sua irmã, para ajudá-la a montar uma petshop. Você ama sua irmã, e tem vontade de dar cambalhotas de alegria só de vê-la esfuziante por realizar um sonho com o seu apoio. Saber que você dispõe de meios para ajudar os outros é algo que confere profundo sentido a sua vida.

Você quer sentir-se tão entusiasmado com a ideia desse dinheiro que salta da cama de manhã ao som de trombetas, em vez de botar as meias devagar, pensando: Realmente, seria muito legal. Aqui vão alguns exemplos dos meus leitores que podem ajudá-lo a ter clareza quanto ao seu Porquê. Eu adoro ser rico porque:

- Sinto-me confiante e com poder, sabendo que fiz o necessário para deixar de ser uma falida e enriquecer.

- Quanto mais dinheiro tiver, mais liberdade terei no emprego do tempo. Quero poder dispensar a babá e passar mais tempo com meus filhos.

- Posso doar alguns milhões por ano a organizações de preservação da fauna.

- Posso gastar meu dinheiro indo ao cinema, comprando roupas, saindo para jantar (o que gosto de fazer mais que qualquer outra coisa), em vez de ter de usá-lo apenas para pagar contas, atender a necessidades etc.

- Posso comprar presentes maravilhosos e finalmente levar minha família a Portugal.

- Posso me ver de maneira mais favorável, estou sendo a melhor versão de mim mesma, fui capaz de me permitir ser tudo que queria ser.
- Serei motivo de inspiração para outras mulheres, como minhas filhas e mulheres que lutam, especificamente as que se sentem presas em relações abusivas com os homens.
- Vou dormir tranquilamente à noite, sabendo que não estou no vermelho. Hoje, não durmo tão bem assim, por causa do estresse.
- Aposentadoria cedo – uau!

O outro motivo para se apaixonar pelo seu desejo de riqueza é por ser o amor sua maior arma contra as crenças limitantes subconscientes. O amor é espaçoso, abre caminho à frente de todos os outros pensamentos e emoções, inclusive todo o medo, todas as dúvidas e preocupações enterradas no seu subconsciente. Pense bem: quando nos apaixonamos por uma pessoa, os pensamentos a seu respeito tomam conta de tudo. O amor é como uma droga que interfere na sua capacidade de pensar logicamente, de focar a atenção em qualquer coisa que não seja o objeto do seu desejo e até de participar de conversas interessantes. "Eu sei, tem muitas moscas neste restaurante. Na casa do Bob, o cara por quem estou apaixonada, havia uma mosca."

O mesmo se aplica quando você se apaixona pelos motivos específicos pelos quais quer ficar rico. Nenhum mecanismo de defesa ou exaltação das crenças limitantes subconscientes que tentam mantê-lo exatamente onde você está poderá concorrer com seu ardente desejo de grandeza. Qualquer medo ou crença de que você se transformará num traidor ou num idiota ganancioso como sua tia Sally serão abafados pelo som das harpas e o chilrear dos passarinhos que passaram a ocupar o espaço em sua cabeça e em seu coração. Nós nos apaixonamos por coisas e pessoas muito específicas, de modo que é fundamental ter total clareza quanto aos detalhes da sua iminente riqueza.

ALINHE-SE COM O SEU EU MAIS VERDADEIRO

Depois que as cabras invadiram e saquearam minha casa, levei vários dias para restabelecer a normalidade. Também acabei gastando US$1.000 para trocar o capô do meu Audi (novinho em folha, sim, senhor), pois elas descartaram o compensado para sapatear em cima dele. Mas eu não podia me enfurecer com elas. Elas não só eram ridiculamente duas gracinhas, como eram cabras. Está na sua natureza destruir, pular em cima das coisas, acordar de manhã pensando *Com o que é que vamos acabar hoje?*. Seria como me enfurecer com meu cachorro por latir para os corvos ou com meu pai italiano de noventa anos por se recusar a comer qualquer coisa que não seja comida italiana. Jamais. Noventa anos de macarrão sem parar. Eles estão sendo apenas autênticos.

Todos os seres vivos trazem inatos certos traços e características que fazem parte de sua natureza. Essas coisas nos vêm naturalmente, são aquilo que viemos fazer, a maneira como a Inteligência Universal melhor flui através de nós. Os pássaros têm de voar, os peixes, de nadar, o sujeito que está sentado ao meu lado na lanchonete nesse exato momento tem de comer sua granola com as mãos. Quando forçamos a barra contra aquilo que somos naturalmente, ficamos estressados, as coisas não avançam com facilidade, nos recriminamos pelos maus resultados, tudo é uma luta. Por isso é fatal dar ouvidos ao que todo mundo (inclusive a sua parte amedrontada) pensa que você deveria fazer. Você acaba tentando forçar seu jeito de ser na vida, o que pode tornar absurdamente exaustivo sentar o traseiro o dia inteiro numa escrivaninha, se não for o que você realmente quer fazer. Em compensação, ouvindo o seu coração e se ligando naquela pessoa que você deve tornar-se, terá energia, pois estará fluindo, as coisas acontecerão mais facilmente, as oportunidades virão na sua direção, você se sentirá ligado, inspirado, engolfado numa tempestade de ideias brilhantes. Sim, haverá desafios e surpresas desagradáveis, mas as experiências que nos permitem aprender são muito diferentes de desperdiçar a vida empurrando uma rocha morro acima.

Preste atenção nas coisas pelas quais se sente atraído, nas coisas em que você é bom, naquelas nas quais se perde, nas que o levam a levantar-se e dizer "Meus pés! Não estou sentindo meus pés!", por estar sentado na mesma posição há horas, completamente absorto. Deixe-se levar pelo coração, em vez de tentar abrir caminho numa espessa bruma de obrigações. Quantas vezes desvalorizamos o que surge naturalmente, por termos comprado a ideia de que o sucesso precisa ser difícil, ou de que, quando alguma coisa nos chega facilmente, também deve estar facilmente ao alcance de todo mundo, não merecendo, portanto, que a busquemos com seriedade e pertinácia.

Tenho um amigo que trabalhou muito durante anos num emprego como executivo de publicidade que detestava. É um velho camarada que, entre outras qualidades, é um cômico brilhante, incrivelmente hilariante, o principal responsável por serem tão divertidas as festas que eu dava na época. Fazia coisas do tipo plantar-se na porta principal e anunciar cada chegada por um megafone feito de rolo de papel higiênico. Improvisava shows de talentos e serestas, além de convencer os convidados a posar para que pintasse seus retratos com requeijão em biscoitos do tipo *cream cracker*.

Não surpreende, portanto, que constantemente lhe pedissem que organizasse os mais diferentes eventos, desde *bat mitzvahs* até noitadas de banda cover, e embora ele gostasse dessa atividade e a fizesse bem, o fato é que, sabe como é, sempre era um trabalho.

Mas ele não considerava que pudesse cobrar por esse tipo de coisa. Para começar, ele se divertia fazendo aquilo, o que, sabe-se lá por quê, significava para ele que não podia ser remunerado. Depois, ele não se sentia bem em cobrar de amigos. Por fim, achava que todo mundo era capaz de juntar gente para um evento e contar piadas no palco. Qual era sua contribuição? Ele passou anos basicamente trabalhando em dois empregos — aquele pelo qual era remunerado e que detestava e o outro, que amava e que deixava seus olhos lá no fundo de tanta exaustão. Até que, um belo dia, ele viu um mestre de cerimônias profissional em algum evento do meio publicitário ao qual teve de comparecer. O sujeito não só era remunerado, e muito bem, como não chegava sequer perto de ser tão hilariante, charmoso ou adorado pelo público como o meu amigo.

É com prazer que posso informar que o sujeito era tão profundamente ruim, e deixou meu amigo tão revoltantemente fora de si, que ele finalmente conseguiu deixar para trás seu apego ao não posso, não devo, não vou conseguir, e começou a cobrar por seus brilhantes serviços de mestre de cerimônias. Também pediu a todos aqueles para os quais trabalhava que divulgassem sua nova profissão, e hoje é muito procurado como mestre de cerimônias profissional. Ao ter coragem de seguir seu coração, e não seus medos, ele pôde deixar o detestado emprego, e agora passa seu valioso tempo no planeta sendo pago para ser a alegria da festa.

•••
O coração é o músculo mais forte do corpo.
Faça o que ele diz.
•••

DÊ PREFERÊNCIA AO "E"

Ao seguir os ditames do coração e se esforçar para entender o seu Porquê, certifique-se de que não se tornará uma presa da mortal síndrome do isso/ou aquilo. O negócio é o seguinte: vivemos numa sociedade calcada no medo que adora nos advertir, lembrar o quanto a vida é difícil, segurar nossa onda para não darmos passos maiores que as pernas, gritar "Cuidado!" em vez de "Vai fundo!". Em consequência, compramos a ideia de que é melhor nos tolher do que nos expandir, tendo desenvolvido uma visão totalmente sem graça do que está disponível para nós, na base do isso/ou aquilo: fazer o que se gosta ou ganhar dinheiro, ser uma boa pessoa ou uma pessoa rica, ajudar o mundo ou ajudar a si mesmo, viajar de férias ou pagar o leasing do carro.

B.O.C.E.J.O.

Em vez de tentar descobrir onde você pode cortar, economizar e se manter em segurança, procure ver como poderá expandir-se, crescer e começar a agir como o sujeito safo que está no pleno controle da própria vida:

Tenha uma carreira fantástica E seja uma excelente mãe.

Seja um bom cristão E ganhe rios de dinheiro.

Viaje pelo mundo E cuide do seu próprio negócio.

Mantenha o peso ideal E saboreie asas de frango.

Trabalhe em tempo parcial E economize para a velhice.

Ao separar um tempo para imaginar sua vida como a maior, mais ousada e mais autêntica expressão do que você é, não seja mesquinho ao fazer o inventário daquilo que anima seu coração. Aja como se vivesse num universo de abundância (o que é verdade) e fosse capaz de criar a realidade financeira que desejar (o que é possível), e, assim fazendo, estivesse dando ao mundo a mais magnífica versão de si mesmo (e de fato estará).

TENHA A MENTE BEM ABERTA

Sei que acabo de passar várias páginas proclamando a importância dos detalhes, mas você também precisa estar aberto para permitir que a Inteligência Universal proporcione o que você precisa, e o fato é que a coisa, ou pessoa, ou oportunidade que faz o seu coração cantar pode ter uma forma diferente daquela que você imagina. Mais uma vez, devemos confiar em que o Universo sabe mais que nós, e se ficar apavorado com coisas como "Estou me vendo ganhando US$12.500 com a venda de três carros a mais na minha concessionária este mês", você estará bloqueando exatamente aquela riqueza que o Universo tenta entregar-lhe por meio da produtora cinematográfica que quer alugar o seu showroom para usá-lo como cenário de um filme. O que você tem a fazer é visualizar sua vida com todos os detalhes que possa reunir para ficar emotivo, empolgado e inspirado em seus atos. E o resto, entrega ao Universo. Esse chamado fator "entrega" é fundamental para gerir sua energia de maneira consciente, no sentido de criar para si mesmo uma realidade incrível.

NOTA IMPORTANTE CASO VOCÊ ESTEJA NA TURMA DO "NÃO SEI": Se o seu negócio for *Não tenho a menor ideia do que o meu coração deseja ou do que quero fazer da vida, além do fato de não querer mais fazer as compras na vendinha da esquina*, aqui vão algumas coisas que você pode fazer imediatamente:

1. Tome a iniciativa naquilo que está fazendo agora. Se houver setores e frentes de ação de que você esteja certo, que pareçam perfeitamente no lugar, foque sua atenção neles, em vez de ficar esperando conseguir montar um quadro

completo. Por exemplo, se souber que quer ter a liberdade de trabalhar por conta própria, que gosta de desenhar, que adora estar cercado de animais e quer ajudar outras pessoas, comece com esses elementos e aja em função deles. Você pode apresentar-se como voluntário no abrigo de animais do bairro e ver as pessoas que vai conhecer lá e aonde isso pode levar. Ou então montar um negócio oferecendo desenhos de animais de estimação. Ou colaborar com alguém que ajude pessoas traumatizadas com cavalos a voltar a se aproximar dos animais. Ao entrar em ação, você poderá descobrir outras coisas de que gosta, outras de que não gosta, e começará a se formar uma imagem mais clara do que deseja fazer. O fato de estar agindo leva a respostas, ao passo que ficar eternamente remoendo ideias na cabeça leva a indecisão e irritabilidade.

2. Pare de dizer que não tem a menor ideia do que fazer da sua vida (você reproduz aquilo em que está focado) e fale do quanto fica empolgado por estar fazendo a sua parte.

3. Veja bem se não está fingindo que não sabe o que quer quando na verdade sabe, mas tem medo. Não sei é diferente de Não posso ganhar dinheiro fazendo o que gosto de fazer, pois já estou velho, as pessoas vão achar que sou um imbecil de ego inflado por querer ser modelo etc. Arregace as mangas, estude o comportamento dos que saíram na sua frente, decida que não está disposto a levar sua única vida tratando seus sonhos como se não fossem tão importantes quanto seus medos, cobre de si mesmo um equacionamento e faça acontecer. Afinal de contas, fomos capazes de equacionar viagens espaciais e de extrair geleia de cacto; você pode perfeitamente equacionar como é que vai florescer fazendo o que gosta de fazer. Não desperdice seus preciosos dons, e a vida, chafurdando na dúvida.

Ninguém mais pode querer por você o seu desabrochar em plena glória. Você precisa ter a seriedade de uma carranca de navio nesse empenho de gerar uma vida incrível, para se alavancar da zona de conforto e fazer acontecer. Eu sei perfeitamente que você já moveu montanhas algumas vezes, e isso aconteceu porque queria realmente, mas realmente mesmo, ser, fazer ou ter alguma coisa. Talvez tenha convidado alguém para sair que "não era para o seu bico", enfrentado o medo de falar em público, montado um negócio próprio, conseguido um emprego para o qual não estava "qualificado", criado filhos ou atravessado o país com apenas cinco pratas no bolso, uma garrafa térmica cheia de chocolate quente e um sonho. Quando o desejo é forte, ninguém o segura. Portanto... Até que ponto você quer dispor da riqueza necessária para desfrutar de toda a vida à sua disposição? Passe algum tempo na companhia do seu coração, entenda com clareza o seu todo-poderoso Porquê e comunique aos seus medos que eles não mandam em você.

HISTÓRIA DE SUCESSO: SE ELA PODE, VOCÊ TAMBÉM PODE.

Eis aqui a incrível história de uma cliente minha, Anita, 32 anos, que ficou bem atenta aos detalhes, confiou na Inteligência Universal e acreditou mais no seu Porquê do que no seu Está Brincando Comigo? e mentalizou US$75.000:

Eu andava pensando para onde queria conduzir minha vida, e cheguei à conclusão de que precisava largar o emprego e começar um capítulo novo e excitante. Era algo em que já vinha refletindo havia muito tempo.

Mas toda vez que me voltava para esse objetivo, simplesmente não parecia ser a decisão acertada. Por fim, dei-me conta de que, para estar realmente preparada para largar o emprego, eu precisava antes saldar algumas dívidas importantes. Nossa hipoteca estava quase quitada e o leasing do carro não era muito pesado. Então resolvi que, se pudesse me livrar dessas duas despesas, seria capaz de deixar o trabalho mais tranquila – especialmente considerando que era a principal responsável pelo sustento da família. Essas dívidas somavam cerca de US$75.000. Muito bem, tenho então uma meta de US$75.000! Como diabos vou conseguir US$75.000?

Fiquei pensando: é uma loucura! O que me dá o direito de pensar que isso não seja possível? Não vou achar dinheiro dando sopa na rua nem vou conseguir outro emprego ou vender algo que renda tudo isso. Comecei a me sentir meio estranha (e talvez indigna) a respeito da minha meta. Estava paralisada.

Depois de mais ou menos uma semana de lamúrias, parei com a tolice do medo e comecei a focar no número 75. Meditava sobre o número 75, escrevia 75 para todo lado no meu diário, ACREDITAVA que alguma coisa daria certo... E então... Não aconteceu nada. Jesus! Deitada na cama certa noite, fiquei pensando que não devia estar enxergando algo. Deve haver alguma direção para a qual ainda não me voltei em busca desse dinheiro. Lembrei a mim mesma que tudo que eu desejo já está aí... Em algum lugar.

Até que me lembrei de que, em 1999, ganhara ações por ter participado de uma comissão consultiva de uma start-up de tecnologia. Humm, agora que essa empresa abrira seu capital, quanto estariam valendo? As informações sobre as ações estavam esquecidas em algum arquivo do nosso home office, e, milagrosamente, pude achá-lo facilmente na manhã seguinte. Investiguei para descobrir com quem poderia entrar em contato a respeito das ações. Telefonei para a administradora para entender o valor e saber como vendê-las. Não tinha a menor ideia se valiam algo, mas precisava tentar. A gestora do fundo mostrou-se extremamente atenciosa e me orientou no processo de venda das ações. Perguntei-lhe qual seria o valor, já que fora um presente inicialmente avaliado em cerca de US$200.

Adivinhem qual o era o valor total das ações na época...

Estão preparados?

Exatamente, US$75.000. Na mosca!

Eu quase deixei cair o telefone quando ela me deu a informação. Estou perplexa até agora, e também extremamente motivada. Desculpem a vulgaridade, mas ESSA PORRA FUNCIONA!

Não desista dos seus sonhos!

PARA ENRIQUECER

Sugestão de Mantra do Dinheiro (para dizer, escrever, sentir, apropriar-se):

Eu adoro dinheiro porque adoro levar uma vida incrível.

1. Escreva uma fantasia do tipo "Um dia na minha vida". Como seria um dia bem típico na sua vida na versão mais rica, feliz e bem-sucedida de si mesmo? A gente é capaz de falar o dia inteiro do que não quer, mas ter clareza a respeito do que de fato quer geralmente requer um pouco mais de esforço,

especialmente considerando-se que você está contemplando uma transformação radical na sua vida – nunca vivenciou ou teve ao seu alcance muitas das coisas que está buscando, como diabos então poderia saber? Por isso é tão importante que ao fazer essa projeção escrita a coisa venha mais do sentimento que do cérebro analítico. Leve todo o tempo necessário para escrever, siga o fluxo da consciência e veja o que aparece. Escreva no presente do indicativo, como se o dinheiro não fosse um problema; pense no que seria mais divertido, e não apenas razoável, no que mais o empolgaria por poder estar retribuindo ou deixando como legado, esbalde-se.

2. Tendo redigido como seria esse "um dia na minha vida", tome nota das cinco emoções mais fortes que experimenta ao ler o que escreveu.

3. Faça as contas relativas a esse dia, ponha no papel uma estimativa do quanto vai custar essa sua nova vida.

4. Condense esse dia, pegando os detalhes mais excitantes e combinando-os com o custo e os sentimentos que suscitam, para criar um mantra. Não se preocupe em incluir tudo, só as partes mais importantes. E então escreva um mantra de cinco a dez frases, algo do tipo *Adoro ganhar US$300.000 por ano como designer de interiores. Como é bom trabalhar com clientes inteligentes e que valorizam meu trabalho, viajando pelo mundo e descobrindo novas maneiras de ser criativo. Sinto-me feliz, revigorado, como se meu coração fosse explodir.* Como sou grato por ter assim a oportunidade de viver em frente à praia em San Diego com minha alma gêmea e poder surfar com ela todo dia...

5. Leia seu mantra toda noite antes de se deitar e realmente o siiiiinta.

6. Se não estiver certo quanto ao que quer fazer, faça uma lista das coisas que efetivamente sabe, sendo o mais específico possível, e anote cinco passos que dará agora mesmo para se encaminhar nessa direção.

Preencha o espaço em branco:
Sou grato pelo dinheiro porque _____.

CAPÍTULO 6

SUA FÁBRICA DE DINHEIRO MENTAL

O ator Jim Carrey fez no *Oprah Winfrey Show* um relato incrível sobre a maneira como usou seu poder mental para materializar 10 milhões de dólares e uma carreira de sucesso. Ele sempre soube que queria divertir as pessoas, descobriu cedo que tinha uma cara de brinquedo de silicone e conseguiu seu primeiro bico num clube de comédias aos 15 anos. Depois de uma série de altos e baixos, entre eles ter de parar de estudar para sustentar a família trabalhando durante o dia numa fábrica, além de provocar risadas — e levar vaias — em clubes noturnos de comédia, Carrey acabou falido e morando numa van com a família. Por fim, mudou-se para Los Angeles em busca do seu sonho de se tornar um ator famoso de verdade. Ele contou que, embora estivesse sem emprego e completamente sem dinheiro, imaginava que era procurado pelos diretores, visualizava pessoas que respeitava aparecendo para dizer-lhe que gostavam do seu trabalho, concentrava-se em pensar coisas do tipo *Sou um ator incrível, tem gente muito importante da indústria à minha espera*, o que o fazia sentir-se melhor, apesar de não estar exatamente sendo perseguido por fãs ou coisa parecida.

Também emitiu para si mesmo um cheque de 10 milhões de dólares, com data de três anos à frente, guardando-o com a anotação de que correspondia a trabalhos como ator. Carregou o pedaço de papel já meio amarfanhado na carteira durante anos enquanto ia conseguindo bicos em casas de comédia, na televisão e no cinema, nenhum dos quais fez com que sua carreira ou suas finanças deslanchasse do modo como esperava. Mas ele continuava acreditando, visualizando que se valia da riqueza granjeada para cuidar da família e alimentando seu sentimento de sucesso enquanto trabalhava sem parar. Para encurtar a história, pouco antes da data registrada no cheque guardado na carteira, conseguiu seu papel no filme *Debi & Loide: Dois idiotas em apuros*, pelo qual recebeu 10 milhões de dólares.

Todos podemos pensar o que queremos pensar e assumir a responsabilidade pelo fato de que nossos pensamentos geram a nossa realidade financeira. A Inteligência Universal é como um ouvido gigante com um copo encostado na sua mente, ouvindo seus pensamentos — também conhecidos como encomendas — para entrar em ação e ajudá-lo a criar aquilo para o qual você está voltado.

•••
Se estiver na sua mente, logo estará no seu colo.
•••

Adoro essa história do Jim Carrey, pois ilustra o que é necessário para dominar o mindset da riqueza:

- Tenha clareza sobre o que deseja, seja específico – Qual o seu propósito? Quanto dinheiro quer ganhar expressando esse propósito? Até que altura pretende ter ganhado esse dinheiro? Por que o deseja, a que ele se destina?
- Sustente a visão dessa realidade na sua mente com pragmática determinação e um incansável sentimento de propósito, para torná-la real.

- Apaixone-se tão loucamente por sua visão de modo que ela não seja páreo para crenças limitantes subconscientes que venham interferir para tentar detê-lo.

- Tenha uma fé firme e uma arrebatada gratidão por já ser seu o que deseja, mesmo que pareça estar demorando uma eternidade. Nunca perca a fé. Jamais.

- Ponha mãos à obra com determinação e fé de arrebentar a boca do balão.

A história de Carrey também é uma resposta a uma das objeções que ouço com frequência quando falo do papel do mindset, da atitude mental em matéria de ganhar dinheiro, e que é a seguinte: E se a nossa realidade financeira depender de outras pessoas? *Como é possível controlar com nossos pensamentos o que fazem outras pessoas?* É o que eu ouço muito de quem depende de outras pessoas para ser contratado, como atores, gente do mundo corporativo, encanadores, fornecedores, babás etc., assim como gente da área de marketing que depende de outras pessoas abaixo na hierarquia para receber seus percentuais. Pensando bem, todo mundo depende de outras pessoas para comprar seus produtos e serviços, fortalecer seus investimentos etc. O dinheiro nos é mandado pela Inteligência Universal por meio de outras pessoas para ninguém usar *Não posso controlar os outros* como desculpa para continuar falido.

Minha primeira experiência com a força contida no domínio do mindset foi tão extravagante e, diria mesmo, mágica quanto à história do cheque de 10 milhões de dólares de Jim Carrey. Foi quando eu estava trabalhando com minha primeira personal coach, aquela que me ajudou a lançar meu negócio on-line para escritores interessados em apresentar propostas de livros, a que dei o nome de writeyourdamnbook.com [escrevaseumalditolivro.com], e que também me ajudava a começar a botar as manguinhas de fora como coach. Na época, eu atendia um ou dois clientes aqui e ali, e tinha praticamente triplicado minha renda anual com o site. Triplicar minha renda era mesmo muito empolgante, mas não bastaria para estar em breve voando de primeira classe, considerando-se que o pessoal que trabalhava no *drive-through* mais próximo ganhava mais que eu. Queria atrair um volume de dinheiro que me fizesse sentir outra pessoa. Queria sentir-me plena e no controle, como se pudesse fazer o que quer que decidisse fazer, como se fosse livre, leve e solta, sem mais andar por aí perdendo tempo.

Minha coach pediu que eu estabelecesse um valor que poderia ganhar em uma semana no site se realmente botasse para quebrar. Disse que eu não pensasse muito, não fizesse contas, não tentasse imaginar o que outras pessoas estavam cobrando, apenas permitisse que o valor viesse intuitivamente. O número que apareceu na minha cabeça foi US$5.000 numa semana. Até então, eu provavelmente conseguira ganhar no máximo um ou dois mil numa semana. Foi aterrorizante, mas eu estava muito empolgada e, diria mesmo, um tiquinho convencida da minha capacidade de fazer acontecer.

"Ótimo", disse ela. "Agora multiplique por dois."

Foi o que eu fiz, e então estabelecemos um plano de ação. Eu daria atendimentos particulares a três pessoas e as ajudaria a redigir suas propostas de produção de um livro por US$3.000 cada uma. Também venderia um dos meus programas já existentes de coaching de grupo por US$1.000, o que somaria US$10.000 na minha semana. Eu não tinha a menor ideia de como haveria de convencer três pessoas a gastar uma soma assim pelo simples prazer de trabalhar comigo. Sabia apenas que ganharia aqueles US$10.000, pois não estava oficialmente disponível para nenhum outro resultado.

Fizemos então o trabalho energético, para que eu ganhasse clareza em coisas como:

Por que quero esse dinheiro? *Para me sentir no comando da minha vida e me sentir livre, como se não dependesse do dinheiro.*

Em que vou usar o dinheiro? *Para saldar minha dívida de US$10.000 com o cartão de crédito. Detesto dívidas no cartão de crédito, é uma coisa desgastante.*

Que farei para ganhar esse dinheiro? *Vender três pacotes individuais de coaching para projetos de livro e um programa de coaching em grupo. Além de ficar aberta a quaisquer sugestões que o Todo-Poderoso Universo coloque no meu caminho.*

Quando é que vou fazer? *Esta era difícil, pois eu sabia que, para consegui-lo, tinha de entrar nessa como se fosse uma questão de vida ou morte. Sabia que teria de estar tão focada em ganhar esses US$10.000 que poderiam me atirar pedras, cortar minha eletricidade e soltar um gorila na minha sala de estar, e ainda assim eu permaneceria firme até sair vitoriosa. Não sabia até quando seria capaz de sustentar todo esse pragmatismo, e assim, embora minha treinadora dissesse que eu dispunha de uma semana inteira para ganhar o dinheiro, decidi que o faria em dois dias.*

E assim lá estava eu no telefone com minha coach planejando tudo isso, e eu completamente pirada e apavorada e me predispondo a ganhar aquele dinheiro de qualquer jeito, e de repente me vem aquela ideia do nada. Havia um sujeito com o qual eu tinha trabalhado um ano antes, que fora na verdade meu primeiro cliente de personal coaching. Não tinha notícias dele havia pelo menos um ano, mas quem sabe não poderia fazer contato de novo para ver se ele queria voltar a trabalhar comigo. Ele não é escritor, mas talvez quisesse alguma forma de treinamento para questões da vida em geral. Quase imediatamente depois de a ideia me surgir, entrou um e-mail para mim. Dele. *Eu não tinha a menor noção de onde andava o sujeito havia mais de um ano, e no momento em que pensei nele, ele apareceu na minha caixa de correio.* Os cabelinhos da minha nuca ainda ficam de pé só de pensar. No e-mail, ele dizia que queria começar a trabalhar comigo de novo, perguntando quais pacotes de coaching genérico eu estava oferecendo e quanto cobrava.

Para encurtar a história, eu lhe vendi um pacote de seis meses de treinamento por US$12.000, e no dia seguinte acabei vendendo um dos meus pacotes de US$3.000 para um escritor, o que significava que tinha alcançado 15.000 em quarenta e oito horas. O que para mim, na época, podia muito bem corresponder a um milhão de dólares em oito minutos.

Quero aqui assinalar uma ou duas coisas a respeito dessa história. Uma delas é que o dinheiro me chegou por uma pessoa e de uma forma diferente das que eu havia pensado. Faz parte do trabalho com a Inteligência Universal fazer tudo que a gente sabe como fazer, mas ficar aberto a ideias e oportunidades que "aparecem do nada". O que você precisa é alinhar sua energia, encarar com toda a seriedade a geração e obtenção do dinheiro e tomar todas as providências que é capaz de tomar. Cabe à Inteligência Universal mover o que você deseja na sua direção, da maneira como ela achar melhor.

O outro ponto refere-se à mudança de atitude mental que tive de operar para cobrar do meu cliente aqueles benditos US$12.000. Eu adorava o sujeito, pois tivera com ele uma excelente experiência de trabalho, e realmente queria ajudá-lo. Na vez anterior, eu cobrara algo em torno de vinte e cinco paus por ora pelos meus serviços. Com o pacote de US$12.000, estava passando para US$300 por hora. No mínimo. Responder ao e--mail dele comunicando o novo preço foi uma das coisas mais assustadoras que eu fiz na vida, pois uma parte minha, exatamente aquela que eu estava me esforçando para deixar para trás, sentia-se uma má pessoa, tipo, quem eu pensava que era para cobrar daquele jeito? Essa porção achava que, se ele respondesse me mandando para o inferno, eu entenderia. Mas a minha parte que estava disposta a mandar ver, aquela parte que tinha a audácia de pensar que era capaz de ganhar US$10.000 em quarenta e oito horas e também fazer qualquer coisa que a minha mente determinasse, que entendia a energia diferente por trás de cobrar US$300 por hora ou US$25 por hora — essa minha parte achava que o preço era justo. Àquela altura, eu estudava coaching e vendia serviços de coaching havia anos, sabia que era muito boa nisso, e cobrar aquelas quantias, por mais aterrador que fosse, também era extremamente excitante, fazendo-me sentir empoderada e, energeticamente, exatamente no lugar onde devia estar. Sabia que haveria de me sair como a melhor coach que podia ser, e quando ele imediatamente respondeu, dizendo que o inscrevesse, dei-me conta de que ele também estava disposto a ir mais longe e jogar naquele nível elevado.

Ao ter clareza quanto ao ponto em que me encontrava e me alinhar com o dinheiro nessa alta frequência, eu lhe dei a oportunidade de também participar nesse nível. E posso dizer que era tanto dinheiro envolvido para nós dois que ambos ralamos tanto que até hoje ainda posso sentir. Transformei-me na Supercoach, e ele foi em frente e concretizou, nos meses seguintes, um negócio de milhões de dólares.

Embora seja verdade que não podemos controlar as outras pessoas (exceto pela força física e pela manipulação, para quem tiver vocação para isso, claro), podemos comandar nossos pensamentos e atos, e é nisso que precisamos focar para mudar nossa realidade financeira. As pessoas que se queixam e acusam ficam paralisadas: "A economia está descendo pelo ralo — claro que o meu novo negócio está afundando! E você quer que eu controle tudo isso com o pensamento?" Em vez de fazer um *upgrade* da atitude mental e exigir de si mesmas e do Universo que as coisas comecem a mudar, elas insistem em que perderam o controle de tudo. Conferem todo o poder às circunstâncias, em vez de assumir a responsabilidade e tratar de mudar elas mesmas a sua vida. E há também pessoas como Jim Carrey, meio perdido em Los Angeles sem qualquer perspectiva, mas embriagado de convicção e gratidão pelo fato de ser rico e famoso naquele exato momento, enquanto come feijão em lata com uma colher de plástico na sua lata velha estacionada em Mulholland Drive.

Você pode ficar com as desculpas ou com o sucesso. Mas não com as duas coisas. O resultado para o qual você treina a mente é que determina a realidade diante dos seus olhos. Certas pessoas enfrentam lutas e obstáculos muito maiores que outras, mas todos temos a mesma escolha quanto à maneira como percebemos nossa realidade. Há pessoas criadas em pobreza extrema, com pouca ou nenhuma educação, perspectivas ou apoio, mas que ainda se acreditam capazes de criar riqueza. Focam a atenção e os atos nesse empenho de enriquecer, e não nos aspectos negativos das suas circunstâncias, e chegam a ganhar milhões, e mesmo bilhões. E há também pessoas que nasceram ricas, foram educadas nas melhores escolas, dispondo dos melhores contatos, de um amplo vocabulário e fronhas com monogramas, e que acabam morando na rua. O sucesso não tem a ver com as suas circunstâncias, mas com a pessoa que você é. Muita gente enriqueceu fazendo e vendendo as mais variadas coisas e muita gente também faliu fazendo e vendendo as mesmas coisas, exatamente da mesma maneira.

O LEME ESTÁ COM A SUA ATITUDE

Aqui vão algumas maneiras certeiras de cultivar a força mental todo-poderosa que lhe permitirá enriquecer tanto quanto quiser:

FOCO

A sua mente cria mais daquilo em que é focada. É um conceito tão simples, mas vale a pena repeti-lo incansavelmente, e é o que eu vou fazer, por ser algo tão poderoso e tão facilmente descartado, pois estamos sempre apegados "ao jeito como as coisas são". Não queremos acreditar que as coisas possam ser tão fáceis assim, abrir mão do direito de sentir pena de nós mesmos, do conforto que sentimos por saber uma ou duas coisas com base na experiência passada, e, no fim das contas, assumir a responsabilidade pela nossa vida, em vez de ficar no *Mal consigo comprar um saco de Doritos, como é que vou contratar alguém para criar e botar em funcionamento meu site?*.

Enquanto isso, usamos o tempo todo nossa poderosa capacidade de focar sem sequer nos dar conta — usando-a para criar infelicidade com o cultivo de preocupações inúteis.

•••
Preocupar-se é rezar por coisas que você não quer.
•••

Como você está focado na pior de todas as possibilidades e em todos aqueles motivos pelos quais jamais poderia ter o que quer, com muitas emoções, detalhes e confiança envolvidos, o que faz é criar mais e mais do que não quer, reiteradas vezes, com uma precisão de especialista. Mas a linda novidade é que, se você é uma dessas pessoas particularmente capazes de se preocupar, significa que seu músculo do foco está em excelente forma, e você só precisa optar por focar em outra direção.

Digamos, por exemplo, que acumulou uma dívida de US$20.000, tem doze filhos para sustentar, detesta seu emprego e mora numa caixa de sapatos. Se optar por focar nesses aspectos da sua realidade e se torturar por causa deles, você conseguirá o seguinte:

- Consolidar a crença de que sua vida é uma porcaria.
- Desencadear pensamentos sobre a total falta de perspectiva da sua situação.
- Ativar emoções de terror, tristeza e derrota.
- Levar-se a se colocar na posição fetal.

Mas você poderia fazer a escolha consciente de mudar seu foco e enxergar a mesmíssima situação a uma nova luz, assim, por exemplo: *Quando precisei de US$20.000 eu consegui, o que significa que, se precisar de dinheiro de novo, vou conseguir mais uma vez. Estou tão grato por ganhar dinheiro no meu emprego, e acredito que, como consegui emprego uma vez, posso conseguir outro ainda melhor, pois sou com toda evidência um profissional necessário, estou cercado de amor e da minha família e moro num apartamento que é um ovinho — não é legal?!*

Esta nova perspectiva permite-lhe:

- Consolidar a crença de que existem razões pelas quais você deve sentir-se grato.
- Desencadear pensamentos sobre as bênçãos da sua vida.
- Ativar emoções de alegria, esperança e entusiasmo.
- Levar-se a colocar mãos à obra e fazer com que aconteçam mais coisas incríveis.

A mudança de foco para os aspectos positivos do que você tem e para o que deseja muda a sua atitude e eleva a sua frequência, para que você possa alinhar sua energia com tudo de que precisa para mudar de vida e manter-se aberto a essas coisas: as oportunidades de ganhar dinheiro que não percebeu antes, as pessoas a quem pode ajudar e aquelas que podem ajudá-lo e a capacidade de visualizar uma vida mais generosa. Essa mudança também manda para a Inteligência Universal pensamentos do que você deseja, e não do que teme, para que esses objetos de desejo comecem a se mover na sua direção.

E aqui temos um outro aspecto importante do foco:

•••
É impossível focar numa coisa e ver outra.
•••

Por isso é que, quando está preso nas preocupações, você não só cria mais preocupações ainda, como literalmente não é capaz de ver todas as outras possibilidades que o cercam.

Por exemplo, certa vez, querendo muito comer um sanduíche de atum, fui até a despensa pegar uma latinha e me dei conta de que aquele desejo todo teria de esperar, pois não havia atum em casa. O diabo da latinha azul não estava em lugar nenhum (aqui entra uma musiquinha triste de trombone). Quando já estava para sair derrotada da despensa, pensei com meus botões, *EU SEI que tem uma maldita lata de atum por aí*, e continuei procurando, até que, de repente, olha só!, bem no meu nariz, apareceram duas latas de atum. Acontece que as latas eram vermelhas, e não azuis, como de hábito (eu tinha trocado de marca, vejam só!), e como estava à procura de latas azuis, não fui capaz de vê-las.

Estou compartilhando com você esse drama de suspense da hora do almoço porque ilustra quantas vezes não perdemos as oportunidades financeiras de ouro, as conexões capazes de mudar nossa vida e as experiências que tocam fundo o coração, pelas quais tanto ansiamos, por estarmos presos a maneiras antigas de pensar, crer e, portanto, focar.

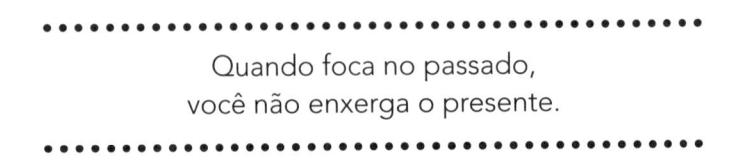

•••
Quando foca no passado,
você não enxerga o presente.
•••

Você é o dono da sua realidade, e sua percepção é que tem os botões de controle.

EMOÇÃO

Se o negócio é tomar posição para ganhar muito dinheiro, escolher pensamentos positivos sem emoção é uma atitude fraca e inútil, como um saco cheio de vento. Afirmações como *Eu gosto de dinheiro, o dinheiro vem para mim sem dificuldade, eu sou o máximo em matéria de ganhar dinheiro*, se ficarem enterradas debaixo do pesado suspiro de um *até parece!*, não passam de uma enorme perda de tempo para todos os envolvidos. O simples fato de pensar algo não significa que você acredite — só com o envolvimento de gigantescas emoções positivas é que os pensamentos são capazes de acessar seus poderes de super-herói e criar novas crenças expansivas, atos destemidos, e, em consequência, novas realidades excitantes na nossa conta bancária e em outras áreas da nossa vida.

Como somos seres ao mesmo tempo espirituais e físicos, temos uma enorme quantidade de coisas acontecendo no reino do invisível — pensamentos, crenças, intuição, imaginação, emoções etc., todas elas afetando nossa realidade física aqui na Terra. Quando está sentindo alguma dor emocional, por exemplo, você chora, seu rosto fica todo contraído e com aspecto estranho, talvez até algumas vezes você vomite, de tão angustiado. No entusiasmo, seu coração acelera, seu corpo lateja e você sai correndo no meio do trânsito, arrasta um estranho para fora do carro e o beija todinho. Nossas emoções são os chutes no traseiro de motivação que alertam nosso corpo para o fato de estar na hora de entrar em ação e transformar um pensamento em realidade física. Assim como o abajur capta a eletricidade e a transforma em luz, nosso corpo capta os pensamentos e os transforma em resultados. Em ambos os casos, para que isto aconteça, é preciso acionar um interruptor. As emoções são esse interruptor.

Quando se vir num redemoinho em que tudo dá errado, será sempre por causa dessa reação em cadeia: você pensa em algo que provoca uma emoção, que por sua vez o leva a agir de uma maneira que o mantém preso numa espiral de resultados frustrantes. Digamos por exemplo que sua queixa preferida seja "Estou falido". É a reação de sempre, toda vez que se defronta com a possibilidade de se divertir ou crescer: Quer ir ao cinema? *Não posso, estou sem dinheiro.* Quer jantar com gente animada e bem-sucedida que o deixará num total estado de animação e inspiração, podendo muito bem mudar sua vida? *Não posso, estou sem dinheiro.* Quer comprar uma pílula mágica que o deixará rico, jovem e incrivelmente engraçado? *Não posso, estou duro.* Em vez de acessar e ativar sua imaginação, sua vontade, o músculo do *Vou dar um jeito porque é importante para mim, ora, se vou!*, as emoções de desespero e falta de esperança o mantêm num estado de constante recriação da sua "realidade" mais sem graça — você não consegue enxergar além da sua atual situação, bloqueou sua capacidade de imaginação, optou pela vitimização. Ou seja, com esse pensamento tristonho do *Estou sem dinheiro* girando na cabeça, você mal consegue juntar energia para se abaixar e pegar uma moeda na calçada, quanto mais para dar um salto corajoso no desconhecido. Para romper as amarras da rotina, você precisa fazer a escolha de pensar algo diferente e besuntá-lo de emoção.

•••••••••••••••••••••••••••••••••••••

Os pensamentos, crenças e emoções que não rejeitamos conscientemente, aceitamos inconscientemente.

•••••••••••••••••••••••••••••••••••••

A consciência é a chave da liberdade. Ao prestar atenção na maneira como pensa e sente — *Humm, quando digo que estou duro, sinto-me um lixo* —, você se permite fazer uma escolha melhor, passando a ter pensamentos que o deixam animado como uma criança diante da árvore de Natal.

A melhor maneira de reunir todo o poder ao seu alcance é ter cristalina clareza quanto ao seu Porquê e se apegar a ele. Use o músculo da imaginação, veja-se na vida que deseja levar, experimente os sentimentos suscitados pelo fato de ter esse dinheiro e essa vida. Invoque as emoções associadas ao seu propósito de ganhar dinheiro e se agarre a elas.

Como diz James Allen em *O Homem é aquilo que ele pensa*: *Aliado com destemor ao propósito, o pensamento se transforma em força criativa*.

Aqui vão mais algumas informações úteis a respeito das emoções:

- As emoções não gostam de dividir espaço. Se você não aguenta mais sentir-se amedrontado, triste ou frustrado, foque toda a energia na construção da emoção oposta. A compaixão suprime o ódio e vice-versa, o entusiasmo suprime o medo e vice-versa, a crença suprime o ceticismo e vice-versa. Eu estava no funeral de um amigo de faculdade, sentada num banco com todos os velhos colegas, e uma senhora de muita idade sentou-se à nossa frente, trazendo num carrinho um tanque de oxigênio. Um dos colegas olhou para os outros enfileirados e balbuciou "nitroso", e todos nós caímos na gargalhada, desaparecida de repente e temporariamente toda aquela tristeza.

- NOTA IMPORTANTE SOBRE AS EMOÇÕES: Somos criaturas que sentem, e estamos aqui para vivenciar nossas emoções, e não para negá-las. Logo, não se trata de estar sempre alegrinho o tempo todo nem nunca se sentir triste, furioso ou desesperado. Ter apenas emoções positivas não só é impossível como muito provavelmente vai fazê-lo sentir-se um fracasso, e não um ser humano normal. Sinta o que tiver de sentir, tenha um ataque de pelanca, esmurre o ar e amaldiçoe o inimigo, deite de bruços na garagem para chorar, solte as emoções e então... Tome a decisão de ir em frente. Chafurdando em nossas emoções negativas, estamos permitindo que nos amarrem. Mas vivenciá-las é saudável e fundamental para liberá-las.

- O amor é indiscutivelmente o campeão peso pesado do mundo. O amor bota pra correr medo, ódio, inveja, preocupações, insegurança, irritação, mau humor – é mais forte que todos eles. Se estivéssemos simplesmente focados o tempo todo em fortalecer nossos músculos do amor, nem dá para imaginar as mudanças que veríamos. Mas no seu caso, querido amigo, prestes a ficar rico, pratique encarar tudo no seu mundo, e quero dizer tudo mesmo, até a lixeira transbordando na sua casa, com amor e reconhecimento, e veja aonde isto o levará. Apaixone-se perdidamente pelo seu propósito de ganhar dinheiro, e provavelmente nada nem ninguém poderá detê-lo.

PUXE PELA IMAGINAÇÃO

Um dos dons mais legais de que dispomos para nos ajudar no caminho para a riqueza é a imaginação. A imaginação é a cozinha mental onde preparamos dois tipos de faz de conta:

1. O tipo em que pegamos ingredientes do nosso ambiente e das nossas experiências e os moldamos ao nosso gosto: Vejo-me morando numa casa igualzinha à dos vizinhos, vejo-me mostrando aos meus filhos o que é possível ao criar minha vida de sonho, vejo-me pagando a bebida para todo mundo no melhor bar da cidade etc.

2. O tipo em que pegamos ingredientes do reino espiritual para infundir-lhes vida: a invenção das viagens espaciais, a

ideia do primeiro arranha-céu, a criação do abridor de lata elétrico etc.

A imaginação é incrível porque, para ser validada, não depende de circunstâncias físicas, dos nossos cinco sentidos ou de qualquer coisa que nossos pais nos tenham dito sobre a importância de ter bom hálito para fazer sucesso na vida. É por meio da imaginação, e não da nossa atual versão da "verdade", que podemos jogar com as infinitas possibilidades disponíveis. Vale tudo quando o coração e a imaginação estão no comando.

Puxar pela imaginação é fundamental para mudar radicalmente de vida, pois estamos pedindo a nós mesmos que visualizemos nossas vidas de sonho com base nas "realidades" em que vivemos no momento. *Bom, eu tenho cinquenta e oito anos, trabalho numa loja de sapatos e sustento minha mulher e dois filhos, e você está dizendo que posso ter o hotel dos meus sonhos no lago Tahoe e passar o dia dando aulas de pesca? Não rola. Não tem a menor possibilidade. Jamais.* Não temos coragem de pensar grande porque parece ridículo — ou seja, podemos passar o dia inteiro dizendo como seria incrível ganhar alguns milhões por ano, mas de fato botar mãos à obra para ganhar essa quantia, com a inabalável consciência de que está de fato acontecendo, ora essa, sem se deixar deter até chegar lá, é algo completamente diferente. É preciso muito peito para se permitir até pensar no caso, quanto mais executar o que for preciso com a convicção de que vai acontecer mesmo. Quando algo parece assim tão grande, magnífico e fora de alcance, exige que você acredite que é possível antes mesmo de ter qualquer prova de que um dia poderia alcançá-lo. Na verdade, exige em geral que você ignore uma vida inteira de provas de que provavelmente não vai conseguir. É muito mais fácil e "realista" podar o sonho, mirar o que é razoável, pedir menos.

A riqueza chega para aqueles que acreditam que qualquer coisa é possível, mesmo quando todos os sinais apontam para De Jeito Nenhum.

Na época em que trabalhava como uma mula, ganhando cerca de US$30.000 por ano, ocorreu-me que, depois de passar quatro décadas tentando em vão ser financeiramente bem-sucedida por conta própria, talvez fosse de bom alvitre buscar ajuda. Foi quando decidi contratar minha primeira coach, aquela que mencionei no início deste capítulo. Na época, eu era escritora freelance, tricotava etc., mas também trabalhava como facilitadora/coach de grupos de mulheres empenhadas em começar um negócio (ironicamente, eu era excelente em matéria de ajudar os outros a ajeitar suas vidas). Conheci minha coach nesse grupo, e ela me cobrou US$7.000 para me atender em particular. Então, se você é bom de matemática, basta fazer as contas, caso contrário, vou simplesmente seguir em frente e dizer que era um percentual aterrador da minha renda anual. Também era o dobro do que eu tinha pagado pelo meu carro, custava mais que todos os meus móveis, roupas e quinquilharias somados, e mais que a quantia que ainda me restava pagar pelos créditos universitários. Existem na nossa cultura algumas palavras para se referir a esse tipo de comportamento: irresponsável, delirante. Totalmente sem noção. Pois o que eu fiz também foi mergulhar ainda mais fundo nas dívidas, elevando os limites dos cartões de crédito que já tinha e do novo que solicitei e milagrosamente consegui.

Para mudar de vida, é preciso estar mais disponível para o ridículo do que para sua realidade.

Para mim, ganhar dinheiro era uma questão de liberdade e opções. Livrar-me das dívidas, viajar pelo mundo, mudar para uma casa onde pudesse receber mais de duas pessoas ao mesmo tempo eram grandes incentivos, mas o que toda manhã realmente me fazia arregaçar as mangas era minha determinação de me tornar uma pessoa diferente. Eu queria ser alguém que criasse qualquer coisa para a qual se voltasse a minha mente, e não alguém que aceitasse o possível. Se tivesse uma ideia sobre uma viagem a fazer, uma causa na qual investir ou um gigantesco chapéu coberto de penas e peles para comprar, eu queria a sensação de liberdade concomitante ao fato de saber que seria capaz de fazê-lo ou tê-lo. Queria estar no controle, e não à mercê das circunstâncias da minha vida.

Independentemente do lugar onde estiver no momento, se frequentar esse espaço imaginário das grandes possibilidades, saboreando os detalhes da sua vida de sonho, na qual a riqueza vem ao seu encontro fácil, fácil, você pode começar a encarnar a sensação do sucesso e se ligar ao significado que o fato de ganhar dinheiro tem para você. Ao se imaginar e visualizar no lugar onde quer estar, você começa a se entusiasmar e a desenvolver crença, fé e um senso de propósito de arrebentar a boca do balão. Esses sentimentos são fundamentais para conseguir fazer o necessário para que seus sonhos se manifestem em forma física. Esses pensamentos também comunicam à Inteligência Universal que você não está perdendo tempo, desencadeando o processo de arremesso em sua direção de tudo aquilo de que precisa para que seu sonho se manifeste na sua direção — inclusive todas essas coisas inverossímeis: coincidências, intuições e oportunidades que surgem do nada. Sua função é manter firme a atitude mental, aberta e pronta a receber. E fazer um bocado de coisas que nunca fez antes. Especialmente coisas que o deixam totalmente apavorado e o arrancam da sua zona de conforto.

•••
Quando o negócio é mudar de vida,
se não estiver com medo, é porque você
está fazendo algo errado.
•••

Quando resolvi que decididamente queria trabalhar com essa coach, o desejo de mudar e de não mais ser vítima da minha raquítica "realidade" levaram-me a mudar meu jeito de pensar, de *Não tenho os 7.000 que ela cobra* para *Vou conseguir, ora essa*. Foquei toda a minha energia no desejo de trabalhar com ela e na crença de que poderia me ajudar a mudar de vida. Ela não só se especializava em ajudar mulheres a ganhar dinheiro, como fazia o que dizia. Na época, ganhava várias vezes seis dígitos com seu negócio de coaching, mas já fora tão dura que tivera sua eletricidade cortada, e, certa noite, teve de mandar embora o entregador de pizza por falta de fundos no cartão de crédito — presta atenção, essa mulher teve de devolver *uma pizza*. Isso é que é superação.

Mas a minha atitude mental, meu mindset, era muito mais importante para mim do que o que ela cobrava ou minhas dívidas, ou a possibilidade muito concreta de que, se me metesse nessa, eu teria de morar no mesmo endereço que minha mãe. Eu chegara a um ponto na vida em que estava tão farta de viver dura, de me sentir presa, de saber que podia estar fazendo muito mais com a minha única vida, que tomei a decisão muito séria de que, acontecesse o que acontecesse, agarraria todas as oportunidades que tivessem alguma ressonância com a minha sensibilidade para aprender sobre dinheiro, ganhar dinheiro e fazer o necessário para ficar rica. Assim, quando conheci uma coach que senti que era capaz de me ajudar, em vez de olhar para o preço, para a minha conta bancária e pensar *Puxa vida, não é exatamente a combinação dos céus, acho melhor dar uns telefonemas e ver se tem alguém a fim de uma cerveja*, tratei de me virar e de exigir de mim mesma que arrumasse o dinheiro para pagar a conta de US$7.000.

É este o momento crítico para todos nós — o momento em que o Universo coloca diante de você exatamente aquilo de que precisa e pede que esteja à altura da situação. Será que você vai se aferrar a pensamentos de baixa frequência do tipo: *Estou duro, minha conta bancária não podia ser mais clara. Ponto final*? OU vai forçar a barra, elevar sua frequência e abrir caminho na direção de *Minha situação financeira é temporária, eu não sou ela, é apenas onde me encontro no momento, mas estou cercado de dinheiro por todos os lados, vou encontrar algum e fazer acontecer*?

•••
O que está ou não ao seu alcance
financeiro está na sua mente.
•••

Se eu lhe dissesse para dar um jeito de ganhar US$2.000 nas próximas vinte e quatro horas, se o seu mindset não estivesse bem colocado, você poderia tentar por algumas horas e então sucumbir a pensamentos do tipo *Não posso porque sou muito sem noção/preguiçoso/ocupado, tentei de tudo e não funcionou, não posso fazer mais nada, não pelo menos algo que não seja contra a lei etc*. Mas se o perseguisse ladeira abaixo sacudindo uma meia cheia de moedas e ameaçando espancá-lo com ela se não aumentasse sua renda, você haveria de se abrir para possibilidades que, antes de tomar a decisão de que tinha absolutamente de acontecer, literalmente não era capaz de enxergar (tomar um empréstimo, vender o carro, abordar pessoas importantes e intimidantes para pedir ajuda etc.). Quem quer, abre caminho; só que nós preferimos fingir que não há um caminho, e assim não precisamos assumir a responsabilidade e fazer as coisas desconfortáveis necessárias para o crescimento.

•••
Uma desculpa não passa de um desafio
ao qual você conferiu seu poder.
•••

O grande segredo para enriquecer não tem tanto a ver com planos brilhantes, trabalho árduo, boas relações ou um senso incrível de oportunidade, mas com pensamentos e emoções. Nossos pensamentos e emoções não só catalisam nossos atos como fornecem todos os ingredientes necessários para o Coquetel da Criação:

Crença

Clareza

Foco

Confiança

Premência

Ação decisiva

Tenacidade

Gratidão

Quando todas essas peças estão no lugar e funcionando juntas, não há nada que você não possa fazer.

DETERMINAÇÃO

O site writeyourdamnbook.com começou a funcionar uns dois meses antes de eu assinar o contrato com minha coach, e, para minha grande alegria, comecei a ganhar dinheiro quase imediatamente. O ângulo de negócios fazia todo sentido para mim: apesar de dura, eu era uma escritora freelance bem-sucedida, estava ligada a uma rede nacional de empreendedoras, graças a meu trabalho de coaching, era suficientemente safa em tecnologia para lidar com a internet e o computador e estava seriamente imbuída do desejo de fazer o que me cabia.

Para meu grande horror, também me tornei um desses vendedores imperdoavelmente vulgares expondo seus produtos on-line. Eu sabia que marqueteiros superespertos haviam testado repetidas vezes os métodos on-line que eu usava, e que estava ganhando dinheiro rapidamente porque seguia seus sábios conselhos, mas... Por que diabos tinha a coisa de envolver, entre muitos outros lances horríveis, postar na World Wide Web para todo mundo ver um anúncio de vendas com uma enorme foto minha, parecendo extremamente profissional, e, meu Deus!, tão arrumadinha no meu conjuntinho casual de negócios? Implorei a minha coach que me dissesse que havia outra maneira de fazer a coisa, e ela simplesmente se limitou a olhar para mim e perguntar: "Você quer ser dura e legal ou rica e vulgar?"

•••
Não dá para conhecer novas terras sem sair dos limites da sua zona de conforto.
•••

O Universo sempre haverá de lhe mandar o que você precisa. Ele quer que você tenha êxito, que cresça, floresça e brilhe, é a lei da natureza, c'os diabos! Mas, exatamente como o imperador dos pinguins, que tem de carregar seu ovo por oito trilhões de quilômetros, atravessando perigosos terrenos gelados, até chegar ao lugar de incubação, ou a sequoia gigante que precisa do calor intenso dos incêndios florestais ou de algum inseto assustador para abrir os cones que abrigam suas sementes... Quando se trata de gerar vida nova, o Universo quer saber se você realmente está levando a questão a sério.

Nos primeiros anos do meu negócio, eu levava uma vida dupla. Vivia aterrorizada com a possibilidade de que meus amigos e outros músicos (eu participara durante anos de bandas de rock) deparassem com meus materiais bobinhos de marketing on-line. Também vivia com medo de que meus novos clientes de propostas de livros descobrissem imagens minhas e da minha banda punk, Crotch, totalmente embalada nos meus biquínis, e educadamente pedissem a devolução do dinheiro.

Durante anos me revirei em meio a essa grave crise de identidade, mas minha determinação de ganhar dinheiro era mais importante que meu desconforto com o que tinha de fazer para isso. Se tivesse de parecer vulgar, que parecesse. Se tivesse de gastar ainda mais dinheiro contratando técnicos e especialistas em tecnologia para me ajudar, que gastasse. Se tivesse de comparecer a infindáveis eventos para distribuir meu cartão de visita, que fosse.

••••••••••••••••••••••••••••••••••••••
Seu grau de determinação determina seu resultado.
••••••••••••••••••••••••••••••••••••••

A decisão de enriquecer significa que você a coloca acima de tudo mais (exceto, naturalmente, fazer coisas ilegais, amorais e revoltantes por dinheiro). Você tem que ser implacável consigo mesmo, pois não só está cultivando um novo mindset para ganhar dinheiro como combate toda uma série de crenças subconscientes sobre o dinheiro que provavelmente nunca enfrentou antes. Qualquer fissura na sua armadura oferecerá ao seu velho condicionamento uma oportunidade de tomar conta e tirá-lo do caminho, o que acontecerá tão rapidamente que nem se dará conta. Você não pode:

- Estranhar o fato de que não só quer enriquecer como vai focar tudo de que dispõe para que isso aconteça.

- Certificar-se de que está tudo certinho antes de começar. Há uma linha muito tênue entre o perfeccionismo e a procrastinação. Trate de montar o bendito site, mande fazer os cartões de visita, tire as fotos, o que for: ponha-se em condições de começar a gerar dinheiro e cuide dos detalhes depois.

- Ser exigente demais a ponto de se livrar de todas as distrações na sua vida. As distrações são como pelos indesejados. Livre-se de um e outro vai aparecer em algum outro lugar. Livre-se do que puder mais facilmente ser descartado, e quanto ao resto, aprenda a manter o foco em ganhar dinheiro apesar deles. Nunca faltarão grandes desculpas ou motivos para mudar seu foco e atrasar seu trem. Mantenha-se decidido, mantenha-se focado.

- Queixar-se do pouco tempo de que dispõe ou de ninguém ao seu redor dar apoio algum, ou de já estar trabalhando quarenta horas por semana, como é que ainda querem que eu faça mais? Assuma a responsabilidade pelo fato de que criou tudo na sua vida por meio dos seus pensamentos, crenças, focos, atos e energia, e de que tem o poder de mudar seu mindset, elevar sua frequência e criar novas coisas que possam atender melhor aos seus interesses. Saia do modo vítima e entre no modo fera e seja diligente em relação ao seu mindset.

- Precisar saber exatamente o que está fazendo antes de ir em frente. Acostume-se a dar o próximo passo que pareça acertado. Não há melhor professor que a experiência: você obterá todas as respostas necessárias tanto se cair de cara no chão quanto se arrebentar a boca do balão.

- Aconselhar-se com gente que não esteja mais adiante que você. Quando nos obrigamos a entrar numa nova zona financeira, nós tendemos a querer envolver os velhos amigos e pessoas com as quais nos sentimos bem, mas, se quiser realmente crescer, você precisa estar perto de gente com quem possa aprender, que saiba o que está fazendo, e não apenas que o deixe à vontade. Aconselhar-se com gente que nem de longe esteja perto de onde você quer estar é uma das melhores maneiras de ficar exatamente onde se encontra.

Se você persistir e começar a ver alguns resultados concretos, tudo, inclusive seu subconsciente, vai começar a mudar.

HISTÓRIA DE SUCESSO: SE ELA PODE, VOCÊ TAMBÉM PODE.

Katherine, 52 anos, mostra o que se pode obter com confiança inabalável em si mesma e no seu amigo, o dinheiro:

Eu sempre fui capaz de ganhar muito dinheiro. Sempre achei que era boa em matéria de ganhar dinheiro, o que acabou se revelando uma profecia que se cumpria. Ganho dinheiro até quando não estou tentando. Comecei como simples escriturária numa empresa de serviços financeiros, ganhando cerca de US$15.000 por ano, o que era suficiente, pois não gastava muito, mas trabalhava bastante e logo fui progredindo. Acabei como vice-presidente, recebendo mais de US$500.000 por ano. Quando passei a ganhar mais, separava metade do que recebia de aumento numa poupança, enquanto a empresa fazia o mesmo, e pude me aposentar muito confortavelmente aos 40 anos. Mesmo depois da aposentadoria, comecei a fazer jardinagem como hobby, o que logo se transformou num negócio gerador de renda para mim. Eu não tinha essa intenção, o negócio de jardinagem parecia evoluir sozinho. Ganhar dinheiro é algo natural e fácil para mim; vejo oportunidades em toda parte e não tenho medo de saltar e ver o que acontece.

Acho que o mais importante é acreditar que você é capaz de ganhar dinheiro, que o merece. É algo em que sempre acreditei e contra o qual nunca lutei.

> Sempre me candidatei a empregos sem estar certa de que seria capaz, e em seguida trabalhava duro para descobrir como. Fingir até ser capaz. Agir como se soubesse o que está fazendo e trabalhar de modo árduo até conseguir. Se acreditar que é capaz de ganhar dinheiro, você ganhará, mesmo quando não tentar. Acredite-se merecedor de liberdade financeira. Faça algo de que goste, e então precisará apenas ser você mesma para ter sucesso. Se vender algo de que goste, estará vendendo amor, e não determinado produto ou serviço, e isto ficará evidente.

PARA ENRIQUECER

Sugestão de Mantra do Dinheiro (para dizer, escrever, sentir, apropriar-se):
Eu gosto de dinheiro porque ele vem quando eu chamo.

1. Escreva quais são os seus Porquês para enriquecer e dê três motivos pelos quais cada um deles é mais forte que seu medo.

2. Encontre três maneiras de se apaixonar mais profundamente pelos seus Porquês e trate de praticá-las diariamente. (Exemplo: se o seu porquê for *Para cuidar da minha família*, você pode contemplar diariamente uma foto deles, repetir a afirmação *Minha família é feliz, saudável e vive na abundância porque ninguém ganha dinheiro como eu*, recortar fotos das coisas específicas que vai comprar para cuidar deles e olhar para elas todo dia. Atitudes assim.)

3. Perceba três elementos na sua vida financeira nos quais você foca de maneira negativa e faça a escolha consciente de mudar seu foco. (Exemplo: *Minha conta bancária é um poço sem fundo de vazio e tristeza* transforma-se em *Minha conta bancária está de braços abertos para receber.*)

Preencha o espaço em branco:
Sou grato pelo dinheiro porque _____.

CAPÍTULO 7

A FÉ E O OURO DA GRATIDÃO

Imagine se algum Grande Mandachuva do Universo descesse do céu e lhe comunicasse que todas as riquezas que você deseja estavam num depósito na sua rua, com garantia absolutamente 100% de aparecer na sua vida, se você persistisse em diligente trabalho para merecê-las: dinheiro, a casa dos seus sonhos, o dinâmico novo negócio, a magnífica carreira de conferencista, sua fundação de ajuda aos sem-teto, as prestações da sua hipoteca, o autêntico vestido vermelho tomara que caia que Julia Roberts usou em *Uma linda mulher*, tudo, enfim.

Como seria o seu desempenho na vida se fosse assim? Se não se deixasse distrair por sentimentos de dúvida e preocupação girando no fundo da sua mente, insistindo que talvez a coisa não estivesse mesmo ao seu alcance afinal de contas?

Provavelmente ficaria menos tenso, mais animado, curtiria mais seu trabalho, seria mais brincalhão, positivo, generoso, grato. Diria coisas do tipo "Quando comprar meu barco vou deixar você dirigir!", investiria assustadoras somas de dinheiro necessárias ao seu negócio, rabiscaria "Eu + o Universo = para sempre" nos blocos de anotações, pularia nas novas e excitantes/aterrorizantes oportunidades com uma grata expectativa de vitória, saberia se recuperar mais prontamente dos erros, suas palavras seriam mais poderosas, suas vaidades, mais exuberantes. Em suma, ficaria a mil.

A pessoa que acabo de descrever tem o mindset de alguém que é saudável, ela tem todos os requisitos de que vimos falando até aqui neste livro. Acabo de descrever também o mindset de alguém que tem fé inabalável em si mesmo e no Universo.

•••
Sua fortuna está na sua fé.
•••

É necessário ter fé se você quiser avançar da dureza para a abundância, pois a fé é a parte de nós que ousa acreditar que uma realidade não vista, não comprovada e muitas vezes comprovada em sentido contrário, completamente nova e incrível, está ao nosso alcance. Sem fé, também conhecida como crença em milagres, qual seria o sentido de tentar criar algo novo e grande? A gente daria uma olhada ao redor e pensaria *Tudo bem, acho que melhor que isso não dá mesmo. A conta, por favor!*.

A fé é o foguete no qual você dispara em direção ao território desconhecido para realizar seus sonhos mais incríveis. E ele precisa ser muito resistente, pois você está voando através de material muito doido, boa parte dele tentando derrubá-lo ou desviá-lo do caminho. A vida que você está decidido a criar depende da capacidade do seu foguete de não se desintegrar. Você não só está enfrentando suas crenças doidas a respeito do dinheiro, como muito provavelmente terá um bando de gente atirando em você seus sórdidos medos, dúvidas e preocupações, como macacos ensandecidos. Sua fé precisa ser intensa, inflamada, sem devaneios. Você deve acreditar que tudo aquilo que deseja realmente está à sua disposição e que você possui todas as ferramentas, o poder e a permissão para viabilizá-lo. Veja aqui de que maneira a fé o ajuda a enriquecer.

- A fé o ajuda a mandar às favas o "Como". Você criou a vida que leva atualmente fazendo o que sabe fazer e sendo a pessoa que sabe ser. Quando toma a decisão absolutamente pragmática de enriquecer, talvez não veja soluções ou oportunidades de ganhar dinheiro nesse novo patamar, por mais que busque. Isso porque está tão voltado para a sua ideia do "Como" que não é capaz de enxergar o novo e irreconhecível "Como" que o Universo está sacudindo entusiasticamente na sua cara. A fé tira o seu foco do passado, das suas velhas maneiras de fazer as coisas, abrindo-o para novas oportunidades, novos "Comos", que criarão uma nova realidade.

Por exemplo, quando eu lutava para ingressar na atividade de escritora freelance, decidi conseguir um emprego em tempo parcial que me obrigasse a me vestir, sair de casa e cooperar com outras pessoas. Não sabia como seria esse emprego nem como haveria de encontrá-lo, sabia apenas da seriedade da minha decisão de ganhar mais, ajudar outras pessoas e ter motivos para arrumar o cabelo.

Um belo dia, uma amiga me falou de um *think tank* sobre empreendimentos que ajudava mulheres a montar seus negócios. Meu velho eu teria imediatamente optado por ignorar essa oportunidade, por medo de gastar o dinheiro da adesão para ficar simplesmente sentada lá, semana após semana, parecendo um erro de programação, sem a menor ideia de algum negócio. Mas embora custasse para mim um bocado de dinheiro na época, e eu não tivesse a menor ideia de como aquilo haveria de me levar a ganhar dinheiro, algo ali parecia irrecusável. Eu estava mesmo determinada a mudar minha situação financeira, e, como aquela chance significava ter de sair de casa e conviver com outras pessoas igualmente empenhadas em dar um jeito na vida, entreguei o dinheiro e entrei no barco.

No meio de todas aquelas mulheres trocando ideias, eu ainda estava sem nenhuma noção de um negócio próprio, mas me dei conta de que seria de grande ajuda para elas decidirem o que fazer com os seus. Para encurtar a história, perguntei à orientadora do grupo se precisava de ajuda, ela me contratou e eu tive minha primeira experiência como coach, o que me levou a começar meu negócio no ramo, o que me fez ganhar uma fortuna, o que, consequentemente, me levou a sentar aqui para escrever este livro.

Se, em vez de dar um salto de fé, eu tivesse focado no medo de desperdiçar dinheiro, de parecer tola, de ainda não entender como esses encontros poderiam levar-me a ficar rica, possivelmente estaria escrevendo um livro sobre Dez Dicas Fáceis para Declarar Falência, e não uma publicação sobre como enriquecer.

Você criou a realidade financeira em que se encontra agora fazendo o que faz, da maneira como faz – aceitando suas atuais desculpas e limitações, trabalhando na mesmice de sempre. Se encara com seriedade o desejo de criar uma nova realidade, precisa fazer coisas diferentes e ter pensamentos diferentes. A fé permite-lhe soltar a necessidade de saber como vai acontecer, confiar que o caminho será mostrado e botar mãos na massa antes mesmo de ter ao seu alcance todas as respostas.

- A fé eleva a sua frequência. Ao confiar que sua riqueza está a caminho, em vez de ficar roendo as unhas por causa dos *e se?* e dos *como diabos?*, você muda seu estado emocional da dúvida e do medo para a expectativa empolgada. Essa mudança eleva a sua frequência, deixando-o aberto e consciente das pessoas e oportunidades que antes não via. Essa frequência mais alta também lhe infunde o entusiasmo necessário para entrar em ação nessas novas e desconhecidas oportunidades quando se apresentam, em vez de sair correndo aos berros na direção oposta, por mais aterrorizantes ou onerosas ou *Está brincando comigo?* sejam essas oportunidades (e, acredite, raramente elas se exibem de outra maneira).

- A fé o ajuda a moldar a mudança. Para se tornar o seu novo eu mais rico, você precisa abrir mão do apego à sua atual/velha identidade: *Estou duro, só ando com gente dura e nós fazemos juntos coisas de gente dura. Acreditamos que somos X (nobres, atolados, seguros, ferrados etc.). Adoramos nossa tribo de gente dura e jamais desejaríamos deixá-la.* Em vez de focar naquilo que arrisca perder quando crescer, a fé o ajuda a focar e acreditar em tudo que tem a ganhar.

- A fé fortalece sua relação com a Inteligência Universal. Quando tem fé suficiente para dizer "Posso não saber exatamente como vou dobrar minha renda, só sei que vou", você está confiando que o caminho para a riqueza lhe será mostrado. Em vez de esperar ter todas as respostas, está dando um salto no desconhecido, com plena confiança que a Inteligência Universal o sustém: *Aqui vou eu! Sei que você vai me pegar!* Seu conhecimento passado e presente da realidade está sendo posto de lado em troca de algo que ainda não "existe". Se não tivesse fé que o Universo tem algo incrível reservado para você, que está ali presente para você e é, digamos, mais inteligente que você, não largaria mão da sua atual verdade.

- A fé fortalece a autoconfiança. Se for safo o suficiente para pular da beira da sua atual realidade para o vazio, será que existe algo que você não seja capaz de fazer? Resposta: Não. Nadinha.

- A fé fortalece seu mindset para a abundância. A fé no desconhecido e no milagroso tira o foco daquilo que lhe falta, voltando-o para as infinitas possibilidades. Você gera mais daquilo em que foca a atenção. Logo, fé = mindset de abundância = você vai precisar de bolsos maiores.

Vamos colocar a fé no contexto do *stand-up*, a comédia em pé, pois é uma excelente metáfora do tipo de determinação necessária para fazê-lo transcender seus limites. Quando você manda uma piada para a plateia e só ouve risinhos forçados, não tem mais ninguém ali a quem se dirigir, pagando mico sozinho na frente de todo mundo no palco. Poderia até ir em frente e tirar a roupa toda só para completar o pesadelo. Mas quando acerta uma piada bem na mosca, todos os olhos estão voltados para você, o riso e a glória são só seus. É eletrizante, aterrorizante, é tudo ou nada, e você no comando.

Quando você sobe de patamares e dá os saltos assustadores que precisa dar para mudar sua situação financeira — contratar um estilista caro, matricular-se numa academia de beleza, escrever o seu livro, comprar um castelo para transformá-lo numa discoteca —, está bem no meio do palco sem a menor ideia do que se passa do outro lado daqueles holofotes que cegam, em queda livre no espaço. Mas a grande notícia é esta: se acertar na mosca, o prêmio é todo seu! Se der errado, agora você já sabe o que não funcionou, de modo que, quando voltar ali para outra tentativa, vai fazê-lo dispondo de mais informações. Dar um salto de fé é o tipo da situação ganhar ou ganhar. Ficar só com a cabeça para fora d'água na sua zona de conforto pelo resto da vida é puro ronco/bocejo.

Como qualquer outra faceta da sua atitude mental, a fé é um músculo. Quanto mais usá-lo, mais forte ficará. Quanto maior o salto, mais forte precisa ser o seu músculo da fé. Manter-se firme, focado e concentrado na sua fé quando a merda bate no ventilador é que faz a diferença entre os que têm êxito e os que fracassam. Geralmente é logo depois de pensarmos que literalmente não aguentamos mais nem um momento de incerteza, ou espera, pressão ou decepções — *Santo Cristo, por acaso estão querendo acabar comigo?!* — que aparece o grande investidor, ou a contraproposta é aceita, ou a alma gêmea entra pela porta.

• •
Um teste de fé é como tourear com o Universo.
• •

O Universo quer que você cresça e floresça, tornando-se a mais gloriosa versão de si mesmo. O crescimento ocorre por atrito e desafio, e pelas lições que aprendemos nessas experiências. Como o Universo está muito animado com a perspectiva de você se tornar tudo que pode ser, vai mandar-lhe todas as experiências de aprendizado de que precisa: *Aqui vai um pneu furado a caminho do seu casamento! Aqui vai um furacão e uma enchente no dia em que você abre seu novo negócio! Aqui vai uma total ausência de vagas de estacionamento quando você está atrasado para a entrevista do emprego dos seus sonhos!* Quando você acredita com fé que tudo acontece como deve acontecer, está se abrindo para receber a lição, prosseguir até alcançar o sucesso e não perder completamente as estribeiras.

Em meio às lições e experiências de crescimento particularmente difíceis, você tem que se segurar como se sua vida dependesse disso. Nas situações realmente importantes, com muita frequência você é levado a um ponto em que só lhe resta mesmo a fé, pois foi tão longe e chegou tão perto do limite que qualquer coisa familiar, segura ou racional não aparece mais sequer como mero vislumbre no retrovisor. É como voar, surfar ou tropeçar: você tem de focar na sua fé e entregar-se à grande mão cósmica, pois sua única alternativa é surtar completamente e cair.

•••••••••••••••••••••••••••••••••••••••
Ser fera em alguma coisa é para
quem assume riscos.
•••••••••••••••••••••••••••••••••••••••

Recentemente recebi de uma produtora uma oferta de compra dos direitos de um dos meus livros. A oferta era boa, mas ficamos barganhando determinado percentual decisivo e nenhum dos dois lados cedia. Eu queria mais, eles queriam me dar menos, e, por mais que rearrumássemos e mexêssemos em outras partes do contrato, essa questão específica não saía do lugar, olhando para nós de olhos arregalados, aquela vaca empacada que não se move.

Gostava muito dessas pessoas, sabia que de fato entendiam o que escrevo e meu senso de humor, e estava absolutamente fascinada com a ideia de trabalhar com eles. Quando disseram as temidas palavras "É nossa última oferta", ainda faltando a maldita porcentagem, tive de dar um enorme salto de fé e desistir. Eu não queria, não tínhamos ofertas de qualquer outra produtora com a qual me entusiasmasse tanto trabalhar, mas o percentual era baixo demais e eu sabia que me ressentiria se o aceitasse. Precisava ter fé em que uma oferta ainda mais incrível estava para chegar a qualquer momento e que minha decisão era sólida, em vez de surtar pensando *Mas o que foi que eu acabei de fazer? Joguei fora a oportunidade de ver alguém transformar meu livro num programa de televisão, enquanto fico aqui recebendo massagens com pedras quentes e contando meu dinheiro!*.

Manter conscientemente o foco na minha fé foi mesmo um desafio, não vou mentir, mas eu consegui. Ficava me lembrando que, naturalmente, o contrato que eu desejava estava a caminho, mentalizava esse contrato, buscava a sensação de assiná-lo, sentia-me grata por ele. É com grande prazer que posso informar que a oferta final deles era mais ou menos como a interminável turnê final da Cher — eles voltaram na semana seguinte e nos ofereceram o que havíamos pedido, e agora estamos todos alegremente avançando juntos. Eu jamais teria tido forças para desistir, manter-me firme e acabar nesta incrível situação sem a boa e velha fé.

No fim deste capítulo, vou compartilhar alguns dos meus métodos favoritos para desenvolver os músculos da fé e torná-los tão firmes que você poderia pular carniça com eles. Mas agora quero falar um pouco do avô de todos os personal trainers: a gratidão. Seja para fortalecer sua fé, suas crenças, sua frequência, seus pensamentos ou sua relação com a Inteligência Universal, a gratidão é simplesmente a responsável pelo serviço completo no seu caminho para a força e o poder.

Ao contrário de quase tudo mais, a gratidão o põe em contato íntimo com o reino espiritual. A gratidão, acima de quaisquer outros pensamentos, o une à Inteligência Universal, pois basicamente você está alinhando sua frequência com a frequência do Universo por meio de pensamentos e sentimentos de amor. Encare a coisa da seguinte maneira: digamos que há uma garotada na sua vizinhança e você resolve fazer biscoitos para distribuir entre eles. Alguns garotos estão tão envolvidos na brincadeira que os engolem sem pensar muito no assunto, outros vêm pedir mais, mas tem um garoto que demonstra profunda gratidão. Ficou agradecido pelo biscoito, pela iniciativa, pelo seu coração de ouro, ajuda-o a limpar a cozinha, a encher de novo o alimentador de pássaros, a programar o seu iPhone. É o garoto que consegue quantos biscoitos quiser e ainda lambe a tigela. Moveu na direção da sua energia de doação a própria energia de gratidão, e sua reação em alta frequência o predispõe a receber mais dessa mesma energia, de você mesmo e de outras pessoas.

•••
A riqueza é grata aos gratos.
•••

A gratidão permite-lhe elevar a energia com que você encara cada situação. Quando se sente grato pelas lições contidas nas situações desafiadoras, em vez de enfurecido ou passado para trás ou com pena de si mesmo, você está elevando sua frequência e se abrindo para receber mais experiências de frequência elevada, em vez de ficar repetindo as velhas e imprestáveis. Ressentimento atrai ressentimento; negação o mantém preso no mesmo lugar. Mas a gratidão o tira do círculo vicioso, abrindo-o para novas possibilidades e libertando-o.

Digamos que você está desempregado, indo de carro para uma entrevista de emprego e se envolve num acidente de trânsito. Já perdeu a entrevista, o possível salário, e ainda vai se afundar mais em dívidas para conseguir um novo veículo. Sou completamente a favor de xingar, chutar o pneu e se derramar em lágrimas para botar a raiva e a frustração para fora do seu sistema. Não estamos falando de negar nem sufocar os sentimentos, mas de escolher enxergar a vida de uma maneira empoderada. Mesmo que não tenha a mais longínqua ideia de qual seria a lição nessa situação, depois de ter o seu ataque de pelanca, sinta-se grato pelo que aconteceu. Você está num determinado momento do tempo, parado junto à calçada, cercado de repente de vidro quebrado e cones de tráfego, e não tem a menor ideia de como o cenário vai se desenvolver no âmbito da sua vida. Poderia até descobrir anos depois que foi salvo de aceitar um emprego que teria detestado, em vez de conseguir este de que hoje tanto gosta, como poderia apaixonar-se pelo enfermeiro ou enfermeira que apareceu no local do acidente. Ou poderia finalmente acordar e tomar a decisão de fazer o necessário para ficar rico, pois a perda total do seu carro foi a gota d'água que o levou a encarar suas questões com o dinheiro e dar a grande virada para mudar sua vida. Você pode escolher ser vítima das circunstâncias ou assumir a responsabilidade pela maneira como decide encará-las.

• •
Não dá para enxergar o raio de esperança revirando os olhos no sofrimento.
• •

Tenha fé que você e o Universo criaram tudo para o seu crescimento, e seja grato por isso. Aconteça o que acontecer. Pratique para transformar a gratidão em sua atitude padrão, observe os oito trilhões de elementos permanentemente ao seu redor pelos quais pode ser grato e sinta a prazerosa expectativa de todos que ainda virão. O bom, o ruim e o horrível, a mancha de molho que acaba de conseguir na sua camisa branca, transforme-se numa máquina de gratidão por tudo e todos.

A FÉ E O OURO DA GRATIDÃO

•••••••••••••••••••••••••••••••••••••
Coisas pelas quais ser grato é que não faltam,
se você prestar atenção.
•••••••••••••••••••••••••••••••••••••

Se estiver frustrado e chateado com sua falta de renda, é fundamental passar algum tempo na gratidão, especialmente se tiver a sensação de estar fazendo tudo certo — se tiver clareza quanto aos seus detalhes específicos, se estiver agitando, assumindo enormes riscos, dando telefonemas de vendas agressivos de dar medo, pagando um dinheiro que temia gastar para conseguir ajuda na montagem do seu site, e ainda assim... grana zero. Mas que diabos!

Se estiver fazendo tudo certo, mas deixar a peteca cair em relação à gratidão, muito provavelmente você já estará afastando o dinheiro, por desespero de que esse diacho venha finalmente. O desespero repele, a gratidão atrai. Quando está desesperado, é porque você está preso à preocupação de não ter dinheiro e ao fato de que precisa consegui-lo, em vez de saber que ele já está aqui e não é mais necessário conseguir nada. Lembre-se: dinheiro é moeda corrente, e moeda corrente é energia. Quando você muda para o modo gratidão, focando neste sentimento por tudo que tem e por tudo que está vindo, mesmo que não haja nenhum dinheiro à vista no momento, você fortalece sua fé em que ele virá e se alinha energeticamente com essa crença. Assim, começará a manifestar exatamente aquelas oportunidades e coisas pelas quais se mostra grato.

Tenho uma amiga que é designer de interiores. No início de todo ano ela estabelece quanto dinheiro gostaria de ganhar, a que se destina, fica toda empolgada e então pega o carro e dá um giro pela cidade observando as casas, vendo em cada uma delas uma oportunidade de realizar seu sonho. Claro que não decora todos os imóveis, mas se vale desse exercício para se respaldar na crença de que são incontáveis as casas e pessoas que poderiam utilizar seus serviços, que poderiam receber sua ajuda e ajudá-la, em troca, remunerando-a. Por isso sente-se profundamente grata, tem uma fé inabalável em que, naturalmente, pode ter o que deseja, e todo ano alcança sua meta. Ainda que não tenha nenhum bendito cliente no início do pequeno giro de carro, sente-se grata por todos que sabe que estão sendo mandados pelo Universo.

É como quando estamos num avião e levantamos voo num dia chuvoso, sombrio e deprimente. Olhamos o céu cinzento pela janela, vemos lá embaixo as casinhas tristonhas cobertas de neblina, e de repente estamos no meio das nuvens negras. Tudo escuro, sacolejando e assustador e... tarããã!, de repente, estamos acima de tudo em pleno céu azul, com nuvenzinhas fofas e um sol brilhante. O céu brilhante e as nuvens fofas estavam lá o tempo todo, você é que não conseguia vê-los da sua perspectiva.

Não importa o quanto sua situação pareça absurda e sem esperança no momento, pois não é a verdade, apenas a sua experiência do momento. Há uma realidade completamente diferente e ensolarada à sua espera, e você só precisa tomar a decisão de arrebentar com as suas nuvens escuras do medo, da dúvida e da preocupação, permanecer numa grata expectativa com fé inabalável de que o sol está lá fora, embora você não possa ver, e persistir, mesmo na turbulência, até chegar ao outro lado.

PARA ENRIQUECER

Sugestão de Mantra do Dinheiro (para dizer, escrever, sentir, apropriar-se):
Eu gosto de dinheiro e me sinto diariamente grato por estar cercado dele, com sua gloriosa bondade.

1. Escolha cinco coisas na vida que o assustam, decepcionam, irritam, encontre motivos para se sentir grato por elas e as anote (e sinta essa gratidão, não apenas da boca para fora).

2. Toda noite, antes de dormir, faça uma lista de dez coisas pelas quais se sente grato.

3. Relacione cinco motivos para ter fé em si mesmo.

4. Relacione cinco motivos para ter fé no Universo.

5. Dar vem da abundância; receber, da falta. Foque na abundância e fortaleça sua fé dando dinheiro diariamente durante vinte e nove dias. Dê apenas uma moeda ou tanto quanto puder, da maneira como puder. Sempre que possível, faça-o secretamente.

6. Fé exige paciência. Toda semente tem um período de germinação, e cabe ao Universo, e não a nós, determinar a duração desse período. Ficar todo tenso e apavorado não apressa as coisas. Ajeite tudo para poder ter paciência e ao mesmo tempo manter forte a fé. Aqui vão algumas alternativas: praticar uma respiração profunda toda vez que sentir que está começando a surtar, repetindo um mantra como "Está vindo, eu estou sentindo!". Ter as sensações e os sentimentos de como será quando acontecer. Ser bem detalhista e ter à disposição as seguintes ferramentas: você cria mais daquilo em que foca a atenção, de modo que focar na impaciência = falta = afastar o que se quer. Escolha aquilo em que vai focar para fortalecer sua fé e paciência, e sairá vitorioso.

Preencha o espaço em branco:
Sou grato pelo dinheiro porque _____.

CAPÍTULO 8

AGIR DECISIVAMENTE: A ESCOLHA DOS CAMPEÕES

Sou obcecada pelo documentário *Tocando o vazio – Uma história de sobrevivência*, sobre dois homens que escalam uma montanha gigantesca a cujo topo nunca antes chegou um ser humano, por ser uma espécie de estrela da morte da neve, do vento e do abandono gelado. Mas eles sabem o que querem, vão até lá, chegam ao topo e são só murros para o alto e *Uau, conseguimos!* e *Acho que estou vendo minha casa daqui*, e então, na descida, claro... Nevasca.

Gosto desses filmes de sobrevivência radical em que as pessoas têm de comer cadáveres congelados de outras, depois de um acidente de avião, ou decepar o próprio braço esmagado e preso por uma rocha que rolou num desfiladeiro, mas *Tocando o vazio* está no topo da minha lista, pois, caramba!, o que acontece a um dos caras... Quer dizer, quando a gente pensa que as coisas não podem piorar, elas pioram tanto que você começa a gritar "Meu Deus do céu!" bem alto, mesmo se estiver assistindo sozinha.

Não vou dar aqui todos os detalhes, pois realmente quero que você assista, mas vou falar do fim, pois o cara depara com uma merda colossal atrás da outra e atrás da outra e atrás da outra, e seu mindset é a única coisa que faz com que saia dali vivo (por sinal, já no início do filme você fica sabendo que ele vai sobreviver, de modo que não precisa me agradecer). Ele tem de atravessar uma geleira infindável que pode a qualquer momento rachar sob seus pés e fazê-lo cair numa gigantesca fenda sem fundo. Em seguida, tendo-se livrado da geleira, ele tem de seguir aos trancos e barrancos por um terreno de pedras inacreditavelmente acidentado, tudo isso de perna quebrada, com um rosto que parece pizza de pepperoni por causa das queimaduras do sol e da ulceração do frio, dedos das mãos feridos, dedos dos pés machucados, sem comida, sem água, sem óculos de sol (portanto, cego pela neve), coberto pelos próprios excrementos e com uma canção horrorosa girando sem parar na cabeça.

Ele tenta usar o *piolet* como muleta, o que não funciona, e então acaba escorregando, caindo e batendo com a perna mutilada em pedras, praticamente a cada passo, chorando e gritando de dor. Mas não desiste, vai saltando, caindo e gritando para tentar chegar ao acampamento, que por sinal pode ou não ter sido abandonado quando ele finalmente conseguir alcançá-lo. Sua equipe pode ter levantado acampamento e ido embora, dando-o como morto. Essa jornada torturante parece prolongar-se por novecentos anos, e se você está se perguntando, *Espera aí, ela por acaso está descrevendo minha jornada na tentativa de ganhar dinheiro?*. Preste bem atenção, pois temos aqui muita coisa boa que vai ajudá-lo a escapar do abandono gelado da sua conta bancária vazia.

A primeira e mais importante coisa que esse alpinista fez foi decidir que sobreviveria. Pode parecer óbvio, essa coisa da vontade instintiva de viver e tudo mais, mas... Você decidiu viver? Quer dizer, viver realmente do jeito que sabe que adoraria? Se você leva a sério isso de enriquecer o suficiente para viver plenamente sua vida, precisa decidir fazê-lo com a tenacidade de um homem enfrentando ameaças insuperáveis e de alto risco de vida, com uma música horrorosa rodando sem parar na cabeça. Pois no minuto em que algo der errado, ficar difícil ou custar muito dinheiro, ou muito tempo, se você tiver tomado uma decisão leve e não uma pra valer, nesse exato minuto em que as coisas ficarem difíceis, você vai sacar as desculpas favoritas, elaborar monólogos dramáticos convincentes para explicar por que desistir faz todo sentido e botar na balança as alternativas: *Bem, se eu desistir e me deitar aqui, imagino que vou ficar completamente congelado em duas horas, sem sentir mais nada depois disso, e então posso ficar contemplando as estrelas até lentamente ir apagando e os pássaros começarem a beliscar minha perna dilacerada.*

Você precisa de um gorila de 10 toneladas de determinação respirando na sua nuca para fazer o que precisa ser feito, cavar por baixo dos seus medos, dos nãos subconscientes e saltar para o desconhecido. Decidir significa que não existe plano B, que você meteu o pé na porta e agora está com os dois pés lá dentro, totalmente a bordo, pronto para chutar o traseiro de alguém.

••
Se você fez um plano alternativo,
é porque não tomou uma decisão.
••

As raízes latinas da palavra "decidir" significam literalmente "cortar fora", indicando que quaisquer outras opções desaparecem e você fica comprometido exclusivamente com a decisão. As pessoas costumam ter ataques de fúria e manifestar resistência com essa história de tomar decisões, pois entram em pânico, temendo que, se decidirem por determinada coisa, terão de abrir mão de todas as outras coisas legais que querem fazer. Enquanto isso:

••
Ninguém pode fazer nada se tentar fazer tudo.
••

Uma das maiores cascas de banana no caminho para o sucesso é fragmentar o tempo e o foco. Se atirar em todas as direções, você tem chance de *meio que* acertar em alguma, em vez de acertar em cheio em uma de cada vez. Trace o plano de como vai enriquecer, tome a decisão inabalável de seguir em frente até atingir a meta e, como parte da recompensa, vai conseguir fazer todas as outras coisas que não podia fazer enquanto estava ocupado em pôr em prática sua decisão de enriquecer.

Se você arrancou esta página do livro e fez apenas isso — assumir 100% o compromisso de que vai enriquecer e se aferrar a essa decisão até estar nadando no mel —, terá saído vitorioso. Pois quando decide, você automaticamente fica obcecado com pensamentos de fazer acontecer, busca oportunidades por todo lado e oportunidades de meter medo; sua fé tem a força de um touro, porque, se não acreditasse que é possível enriquecer, você, para começo de conversa, não o teria decidido, sente gratidão porque o que deseja já existe, é a única coisa em que pensa e se tornou real na sua mente, assume riscos enormes e tem paciência zero com qualquer um que venha dizer que não vai funcionar. Pense bem: você pode tomar uma decisão secundária, como mudar a cor do banheiro, e de repente se transformar numa força da natureza, encarar a pintura dessas paredes que já viu um milhão de vezes de um ângulo totalmente novo, falando entusiasticamente do assunto sem parar, levando os amigos a se esconder atrás de plantas quando o veem se aproximar com novas amostras de cores nas mãos. Uma decisão firme põe tudo em movimento — seu mindset e suas atitudes — e também alerta a Inteligência Universal para o fato de que é assim que vai ser, e ela começa a mover tudo de que você precisa na sua direção.

•••••••••••••••••••••••••••••••••••••••
Seus desejos são levados a você pelo pensamento,
e você os recebe decidindo entrar em ação.
•••••••••••••••••••••••••••••••••••••••

Quero frisar aqui que, quando digo que o Universo começa a mover na sua direção tudo de que você precisa, isso se aplica tanto a ideias quanto a oportunidades, pessoas e coisas. Quando você toma uma decisão e alerta a Inteligência Universal para tomar providências, precisa prestar muita atenção em pensamentos e grandes ideias novas que apareçam na cabeça. Precisa precaver-se para que seu velho condicionamento não se atire no seu caminho para tentar bloquear o novo você. *O quê? simplesmente entrar num avião e aparecer na casa do tio Steve para pedir emprego? Nem pensar! Total loucura!* Uma boa ideia que surja do nada pode mudar sua vida, mas não serve de coisa nenhuma se você não agir em função dela, e o seu subconsciente é tão ninja que é capaz de detê-lo sem mesmo se dar conta do que está acontecendo.

• •

As ideias brilhantes são bilhetinhos amorosos do Universo, dizendo: Isso é para você. Acho você o máximo, e perfeitamente capaz. Vá distribuir sua incrível singularidade pelo mundo.

• •

Eu nem seria capaz de dizer quanto tempo perdi (tudo bem: quarenta anos) fingindo que podia fazer as coisas de outra maneira, em vez de agir em função de ideias que pareciam fora do meu alcance ou me teriam custado um dinheiro que eu não queria gastar. Em outras palavras, ideias que me teriam forçado a crescer. Quantas incontáveis vezes não fui iluminada por um golpe de gênio sem sequer dar a essas ideias tempo de ver a luz do dia, limitando-me a descartá-las instantaneamente como coisas impossíveis. A próxima! E então voltava a me queixar, a me arrastar, perguntando-me por que, meu Deus, por que não consigo sair desse buraco? O Universo devia estar pensando: *Acabo de lhe dar o que você pediu! Está curtindo com a minha cara?*

Um excelente exemplo de ideia capaz de mudar uma vida é a que ocorreu ao nosso pobre alpinista perdido na montanha. Um dos poucos objetos que acabaram resistindo a toda essa provação foi seu relógio de pulso. Deitado ali na neve que o cega, contemplando a absurda extensão que ainda tem de percorrer com a perna ferrada e a garrafa de água vazia, ele enxerga a distância um ponto onde se percebe uma ligeira inclinação ou ângulo, ou algo que parece servir para marcar, e decide que tem de chegar lá em vinte minutos. Aciona o timer do relógio e, sem dar atenção à dor que está sentindo ou aos obstáculos que aparecem no caminho, todos os seus pensamentos, sua energia e sua determinação estão focados em chegar àquele ponto a tempo. Ele diria mais tarde que era a única maneira de atravessar a devastadora extensão que tinha pela frente sem pirar completamente quanto à total impossibilidade da situação. Ele levava extremamente a sério cada desafio de vinte minutos. A necessidade de chegar à meta antes de o timer dar o alarme era urgente e inegociável, e ele entendeu que se fracassasse estaria em jogo muito mais que simplesmente perder para um cronômetro.

Quando tomamos a decisão de promover grandes mudanças na vida, é muito comum que o monstro da opressão dê o bote. Já temos todas essas atividades acontecendo na nossa vida, e agora estamos acrescentando mais coisas ainda à lista de tarefas, para alcançar novas metas? Está brincando comigo? E não são apenas mais coisas, mas todas essas situações apavorantes que até agora tínhamos medo de encarar, e é tudo tão difícil e doido, e de repente você se sente tipo *Caramba! Nem consigo me mexer. Sério, acho que aconteceu alguma coisa com meus braços, não consigo levantá-los.* E então, mais uma vez, o domínio do mindset vem salvá-lo. A opressão, exatamente como a calma, é um estado mental, e você precisa apenas escolher a qual festa vai comparecer.

••
Opressão: quando você toma a péssima decisão de parar de respirar, perder a perspectiva e esquecer que está no controle da sua vida.
••

Aqui vão algumas maneiras de abater o monstro da opressão e mandá-lo de volta para a jaula:

1. Investigue os detalhes específicos. Nós nos causamos muita dor desnecessária quando soltamos a manivela de comando e presumimos que os vagos e infinitos detalhes da nossa vida estão acabando conosco. Enquanto isso, em geral, não temos a menor ideia do que estamos falando. Por exemplo: *Preciso responder a um milhão de e-mails, pegar as crianças na escola, fazer o jantar e pedir um empréstimo para meu novo negócio – jamais vou conseguir fazer tudo isso!* transforma-se, depois da investigação, em: *Vou levar quarenta e cinco minutos para responder aos e-mails, pois na verdade são doze, e não um milhão, o jantar eu consigo preparar em trinta minutos, posso pedir ao vizinho que pegue as crianças e terei bastante tempo para preencher o formulário do empréstimo. Oh!* Com certeza houve vezes em que tentamos abraçar o mundo com as pernas, mas posso lhe garantir: a maior parte da sua opressão pode ser resolvida com alguma clareza.

2. Parcele as tarefas a serem cumpridas em pedacinhos. Encarar a missão de escrever um livro inteiro pode fazê-lo se jogar no chão; sentar para escrever um capítulo é algo estimulante. Encarar a missão de duplicar a renda se matando de estudar, entrando para a faculdade de medicina, frequentando o curso, fazendo residência e abrindo uma clínica particular vai fazê-lo invejar a escolha do barman profissional; explorar as informações contidas no primeiro capítulo do seu manual de medicina é animador. Encarar a missão de percorrer quilômetros e quilômetros de terreno congelado e hostil com um corpo que passou pelo moedor de carne vai fazê-lo querer sair de cena imediatamente; passar os próximos vinte minutos deslocando-se do ponto A ao ponto B com o mesmo

corpo moído não chega a ser empolgante, mas, claro, não é tão horrível.

A outra questão fundamental que o fracionamento do tempo proporciona é foco. Recorrendo de novo ao exemplo do sujeito perdido na montanha, durante os esforços concentrados de vinte minutos, ele dava destaque exclusivamente à missão do momento. E esse foco servia para duas coisas: um, fortalecia sua fé. Você cria mais daquilo em que foca a atenção, e ele estava com ela exclusivamente focada em arrastar o traseiro até o ponto desejado. Fim da história. Nem pensar em parar, fracassar ou cair no choro. Ele só se concentrava na possibilidade de sucesso e era o que repetidas vezes alcançava, e a cada ocasião sua fé ficava mais forte. Em segundo lugar, a firmeza do foco o ajudava a maximizar seu tempo. O cara não podia se dar ao luxo de ficar perdendo tempo, escrevendo o próprio nome ao mijar na neve, ou fazendo bonecos de neve; o que ele precisava seriamente era de um copo d'água, e pronto, de modo que cada segundo contava.

Nós também vamos morrer, e cada segundo conta na nossa vida, mas nossa tendência é esquecer essa urgência e passar nosso precioso tempo na Terra procrastinando, choramingando, focalizando e acreditando em pensamentos que nos puxam para trás, em vez de fazer o que tem de ser feito. As pessoas que passam oito horas por dia num emprego passam cerca de três horas sendo coletivamente produtivas, e o restante jogando conversa fora na copa, olhando fixo para a geladeira na cafeteria, pensando em sexo, vendo imagens de patos correrem atrás de um cão em torno de um arbusto no Facebook etc. Se você tem a sensação de dispor de todo o tempo do mundo para fazer algo, vai fazer uso de todo o tempo do mundo. Se dispuser de vinte minutos, a tarefa vai tomar-lhe vinte minutos. O parcelamento do tempo e a exigência de focar numa coisa, e apenas numa, gera urgência, maximiza a produtividade e libera mais tempo para fazer outras funções.

> O tempo está ao alcance dos que o fazem,
> e não dos que tentam encontrá-lo.

Aqui vai um resumo das iniciativas que vimos até agora, para ajudá-lo a rechear mais sua carteira:

- Tenha clareza sobre a quantidade de dinheiro que vai ganhar, os objetivos específicos a que ele se destina e como é sensacional poder ganhá-lo.
- Comprometa-se inabalavelmente com a decisão de que vai ganhar esse dinheiro.
- Trace um plano para ganhar o dinheiro que deseja ganhar, divida esse plano em pequenas parcelas e foque a bendita atenção numa meta de cada vez.
- Tenha em mente uma imagem da vida que está criando e do dinheiro que está vindo na sua direção, com ávida expectativa, fé inexorável e profunda gratidão.
- Dê o melhor de si onde quer que esteja. Enquanto constrói seu império de cartões de visita, se precisar aceitar um emprego para tirar chiclete debaixo das mesas de um salão de boliche, em vez de ficar furioso por estar num trabalho que não adora exatamente (você cria mais daquilo em que foca a atenção), encontre a trilha dourada por trás de tudo, seja o melhor limpador de chiclete grudado que essas mesas já viram e tenha uma atitude de gratidão.

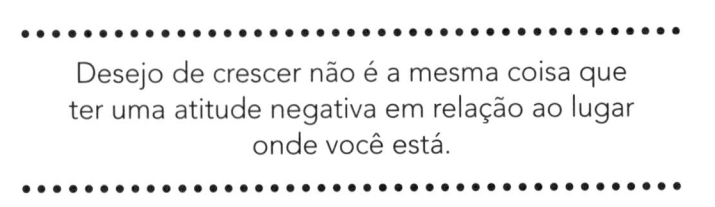

> Desejo de crescer não é a mesma coisa que
> ter uma atitude negativa em relação ao lugar
> onde você está.

- Quando o Universo apresenta um "Como" que leva na direção da sua meta de ganhar mais dinheiro, em vez de tentar se convencer a desviar, pule imediatamente nos seus braços amorosos. Especialmente se for assustador. Quando os pensamentos lhe chegam, você precisa apenas responder a estas três perguntas: é alguma coisa que eu queira ser, fazer ou ter? Está me levando na direção da minha meta? Vou prejudicar alguém se fizer isso? Se obtiver respostas satisfatórias a essas perguntas, vá em frente.

••
Que o seu medo seja a sua bússola.
••

Lembra dos US$85.000 que eu disse ter mentalizado para comprar meu sensacional pacote de coaching? Pois vou contar-lhe como foi, porque estava bem ali na minha frente junto com uma das coisas mais assustadoras e desconfortáveis que eu já fiz. Ao decidir que faria pra valer o coaching naquele nível, em vez de sair correndo e me esconder como fizera da primeira vez, coloquei em ação uma ideia que me passou pela cabeça no exato momento em que surgiu. Não se tratava de algo divertido nem confortável ou do qual eu pudesse desistir para passar a tarde numa sessão de depilação de corpo inteiro, mas algo que coloquei em prática porque meu desejo de acertar na mosca era maior que o desejo de perder mais tempo levando a vida que eu levava. A ideia foi que me lembrei de alguém a quem talvez pudesse pedir emprestado aquele dinheiro, alguém que a) sabia muito pouco de coaching, e o que de fato sabia talvez evocasse expressões como "poção mágica", "lixo manipulador" e "bando de idiotas"; b) é a pessoa mais frugal que conheci, o tipo que tem dinheiro, mas jamais gasta, exceto para estocar papel higiênico quando entra em liquidação; c) acreditava em mim.

Comprei uma passagem aérea para ir até sua casa em outra cidade no exato momento em que o aterrorizante pensamento entrou na minha cabeça (a um custo cerca de US$1.000 superior ao normal, por ter sido em cima da hora) e bati à sua porta, quase matando-a de susto. Corri o risco de ficar vulnerável a essa pessoa, de que ela pensasse que eu tinha perdido o juízo, que era irresponsável, possivelmente tivesse entrado para uma seita. E jamais esquecerei sua expressão de aborrecimento quando eu disse de quanto precisava. Mas depois de uma conversa extremamente desconfortável, ela acabou cedendo. E a partir dali, eu não só ganhei o dinheiro para lhe devolver em menos de um ano, como ainda, graças ao fato de ter enfrentado meu terror e feito o pedido, além de passar um ano fazendo um dos melhores coachings que fiz, cheguei onde nenhuma Jen Sincero jamais tinha chegado. Assumi riscos gigantescos e apavorantes repetidas vezes, contratei uma equipe para produzir vídeos e aperfeiçoar minhas estruturas on-line, ao contrário do que acontecia na época em que fazia tudo sozinha, criei novos produtos e serviços, aumentei minhas tarifas e fui em busca de clientes que não eram "para o meu bico", sentei a bunda e escrevi um livro que entrou para a lista de best-sellers do *New York Times* — basicamente, fiz todas as coisas que antes era medrosa/desvalorizada/preguiçosa demais para fazer, e que, no somatório, levaram ao negócio e à marca de sete dígitos que hoje tenho. E nada disso jamais teria acontecido se eu não tivesse feito, pra começar, algo que não queria meeeeeeeeeesmo fazer.

IMPORTANTE NOTA SOBRE OS US$85.000: se você estiver lendo isso e pensando *Puxa, claro, vou sair correndo e pedir empréstimo a muita gente que sei estar com muitas vezes US$85.000 de sobra!*, quero deixar algo bem claro. O valor é irrelevante; transformar sua vida tem a ver com seu desejo e sua decisão, e não com as soluções que possam ou não estar bem à sua frente. Se você decidiu que precisa absolutamente viabilizar certa quantia para se dotar dos recursos necessários para enriquecer, sejam US$80 ou US$80.000, o dinheiro existe, é apenas uma questão de saber qual seu grau de seriedade para consegui-lo. Uma das maneiras mais rápidas de se dissuadir de fazer o necessário para ter êxito é cair na vitimização, decidir que outras pessoas têm mais à sua disposição e que, para você, é sempre mais difícil, logo, para que se incomodar? É muito possível que para você as coisas sejam mais difíceis, mas existem pessoas que enfrentaram um rojão ainda pior que o seu e realizaram verdadeiros milagres da vida. O sucesso não tem a ver com a posição em que você se encontra, mas com o lugar onde decidir estar e a pessoa que nele vai ser.

Quando você decide enriquecer, as opções estão aí mesmo, e embora possa levar um certo tempo até despertar para elas, quando isso acontece a questão toda se resume à determinação com que você quer a mudança.

HISTÓRIA DE SUCESSO: SE ELA PODE, VOCÊ TAMBÉM PODE.

Uma cliente minha, Kelly, morria de medo o tempo todo, mas, de um ganho mensal de US$4.500, passou a ganhar em média US$35.000 por mês.

Kelly tem uma fábrica de camisetas. Na época, vivia frustrada porque, não importando o quanto ganhasse, estava sempre com uma mão na frente e outra atrás. Sempre surgia algo para sugar tudo – o carro quebrava, aparecia uma conta inesperada, um parente precisava de socorro. Queria ampliar o negócio, mas não tinha como assumir maior sobrecarga sozinha e se achava ocupada demais para treinar alguém. E quando os ne-

gócios diminuíam, ficava pensando que não tinha como contratar e treinar alguém, pois os recursos escasseavam. Ela ficou anos e anos nesse círculo vicioso:
Eu tinha me convencido de que não havia a menor hipótese de contratar alguém. Estava atrasada com a hipoteca, sem perspectiva de novos negócios e ficava pensando: Como é que ainda por cima vou me responsabilizar pela renda de outra pessoa?

Quando o coach disse que eu tinha de contratar alguém para poder crescer, fiquei apavorada. Mas de repente meu mindset mudou – como se, tendo recebido permissão, eu tivesse uma espécie de revelação de que, claro!, é óbvio que é isso que eu tenho de fazer. Antes dessa mudança, não havia jeito de enxergar.

No instante em que tomei a decisão de contratar, não tinha mais escolha, precisava ganhar o dinheiro para pagar o salário. Fiquei totalmente apavorada, mas também totalmente motivada. Soube imediatamente que tomara a decisão certa, pois quando ele começou a trabalhar para mim, as comportas se abriram e os negócios que eu estava psiquicamente afastando começaram a vir na minha direção. Não havia hipótese de eu ser capaz de atender sem ele a todas as encomendas que começaram a chegar.

Depois da nossa primeira sessão de coaching, elevei minha frequência assumindo o compromisso assustador, mas excitante, de contratar alguém, visualizei e verbalizei afirmações sobre trazer o dinheiro que desejava ganhar e acabei conseguindo US$26.000 na primeira semana. Numa semana! A sensação é de que foram 50% magia e 50% trabalho árduo.

Que sensação maravilhosa não acordar no meio da noite estressada por causa de dinheiro!

Os seres humanos possuem um potencial ilimitado, e a maioria de nós está apenas arranhando a superfície das nossas possibilidades. Se não estiver onde quer estar financeiramente, procure ver onde é que está se travando. Nós fingimos que fizemos tudo que é possível e trabalhamos cada vez de forma mais árdua, fazendo as mesmas coisas que sempre fizemos, esperando resultados diferentes. Enquanto isso, quase sempre há bem na nossa cara uma solução que ignoramos por termos decidido que está completamente fora de cogitação.

HÁ UMA GRANDE DIFERENÇA ENTRE NÃO POSSO E NÃO QUERO

Enriquecer não é necessariamente uma questão de trabalhar mais. Na verdade, é geralmente uma questão de trabalhar menos, por estar fazendo escolhas mais inteligentes. Quando Kelly contratou seu primeiro empregado, não precisou mais trabalhar tanto E aumentou exponencialmente sua renda. De tal maneira que comprou duas, veja bem, duas novas impressoras, contratou um segundo empregado e começou a procurar um espaço maior para sua empresa. Tudo em questão de meses. E a coisa toda começou porque ela tomou a decisão de crescer e fez o que mais a apavorava, mas, sabia ela, haveria de levá-la à sua meta.

GASTAR COMO ÚLTIMO RECURSO

Às vezes o risco assustador que precisamos assumir para passar ao nível seguinte é gastar um dinheiro que ainda não temos. É a versão monetária de saltar porque a rede de proteção vai aparecer, e também um tema muito polêmico, pois o que estou dizendo, basicamente, é assuma dívidas, e as dívidas são o grande lobo mau da nossa sociedade. Como tudo na vida, entretanto, as dívidas são uma questão de atitude mental. Uma coisa é gastar irresponsavelmente dinheiro que não se tem, viver além dos próprios meios, cavar um buraco bem fundo para si mesmo com uma atitude mental de medo e negação e sem nenhum real senso de iniciativa ou plano para saldar as dívidas. Não estou recomendando que você faça isso. Tampouco recomendo que contraia dívidas se achar que há alternativas — trata-se da opção do último recurso, mas só é viável *se você estiver de posse da atitude mental certa*. E a atitude mental de que estou falando é correr o risco e exigir de si mesmo estar à altura da situação e não desistir até recuperar o dinheiro. É como acontece quando você quer viajar, mas nunca encontra tempo. Compre logo a droga da passagem, reserve os hotéis, providencie tudo e trate de adaptar a sua agenda. Se ficar esperando que o tempo apareça, não vai rolar.

O mesmo aqui neste caso: se esperar primeiro conseguir o dinheiro, pode não acontecer nunca. Fiz isso muitas e muitas vezes quando tentava me forçar a deixar para trás meu estilo de vida medíocre e ficar rica. Conseguia novos cartões de crédito para pagar pelo coaching, e então fazia tudo que os coaches diziam, por mais aterrorizante que fosse, para recuperar o dinheiro, e toda vez saldava as dívidas em questão de meses. Se ficasse esperando para ter o dinheiro que precisava, com aquela minha renda anual de US$30.000 na época, jamais teria sido capaz de contratar um coach e ao mesmo tempo continuar comendo. Tive de dar o salto apavorante de mergulhar mais fundo ainda nas dívidas, mas o fiz com total fé em mim mesma, pois estava disposta a promover uma reviravolta na minha vida. Assumir esses tipos de risco é uma questão de estar no comando da própria vida, e não se colocar como vítima. De ter fé no Universo e em si mesmo, no sentido de que pode e vai viabilizar qualquer coisa que deseje. Uma questão de saber em quem você está se transformando nesse processo.

Se precisar fazer um empréstimo para alugar um espaço para sua nova loja ou pedir dinheiro emprestado para pagar o salário do novo assistente, trace um plano para saldar as dívidas e exija de si mesmo recuperar esse dinheiro. Você não vai chegar a lugar nenhum ficando sentado na sua zona de conforto. Receba e gaste o dinheiro com fé e gratidão por saber que ele vai voltar, mantenha elevada a sua frequência e nítido o seu foco, exija de você mesmo fazer o necessário para fazer o dinheiro voltar, especialmente dar muitos outros saltos apavorantes para conquistar novas alturas, e não descanse até conseguir.

PARA ENRIQUECER

Sugestão de Mantra do Dinheiro (para dizer, escrever, sentir, apropriar-se):
Eu adoro dinheiro porque sou uma máquina de fazer dinheiro destemida e audaciosa.

1. Preveja os obstáculos. A dúvida é como aquele fiozinho que você puxa e acaba desmanchando todo o suéter. Tenha clareza quanto às três principais coisas que poderiam minar com dúvida a sua determinação e prepare-se para enfrentá-las de frente, para que não tenham o menor poder sobre você. (Exemplo: *Minha mulher não vai me apoiar*. Tenha um mantra prontinho para usar: *Só eu conheço minha verdade, e sei no meu íntimo que sou rico*. Anote os obstáculos e as soluções.)

2. Eleve o patamar das suas reservas. Muitas vezes nosso músculo da decisão só se ativa realmente quando ficamos encostados na parede e temos de ganhar dinheiro de qualquer jeito – o aluguel está atrasado, temos de fazer uma cirurgia, a máfia está batendo à porta com uma cobrança. Especifique um valor que passará a ser a sua reserva mínima, para que não seja mais apenas zero. Digamos, US$500. Você terá de ter sempre US$500 na conta bancária, e no exato momen-

to em que se aproximar desse valor, vai tocar o alarme para elevar as apostas e conseguir mais dinheiro, para não ficar abaixo dele em hipótese alguma. Trate em seguida de elevar a reserva mínima mensalmente ou algo assim, e logo verá que não está mais lutando desesperadamente.

3. Gaste dinheiro de novas maneiras. Compre algo extravagante para elevar sua frequência e lembre-se de que está no fluxo e de que o dinheiro é uma fonte renovável. Algo caro e excitante, algo que não chegue a quebrar a banca, mas pareça supérfluo e tenha grande significado para você, fazendo-o se sentir o máximo.

4. Tome agora mesmo uma decisão importante, cabeluda, apavorante e inegociável que o adiante na direção da sua meta financeira, e cumpra-a. Algo que já andava lá por trás dos seus pensamentos e que você sabe ser capaz de mudar completamente o seu mundo, mas que parecia assustador demais. E não durma no ponto. Não há momento como o presente.

Preencha o espaço em branco:
Sou grato pelo dinheiro porque _____.

CAPÍTULO 9

SEGUINDO EM FRENTE

Quando tinha vinte e poucos anos, mudei-me para Barcelona, na Espanha, com um grupo de colegas de faculdade. Alugamos um apartamento caindo aos pedaços numa zona duvidosa da cidade, arrumamos mobília na rua mesmo, bebíamos como gambás, vivíamos como porcos, ficávamos na balada a noite inteira e a vida era uma festa.

Como a Espanha fica bem ali ao lado da Itália, decidi num fim de semana tomar o trem para Nápoles e visitar meus parentes por parte de pai. Mal podia esperar para me divertir com minha prima Valentina, explorar com ela a vida local, conhecê-la melhor e presenteá-la com a gigantesca pedra de haxixe que escondera numa caixa de absorventes.

Ao chegar, fiquei sabendo, horrorizada, que nossa grande noite de sábado consistiria em juntar um monte de amigos dela e passear pela praça, tomando sorvete e curtindo o footing. Se estivéssemos com muita gana de aproveitar a vida, poderíamos tomar outro sorvete. Era como entrar para um programa de reabilitação. Contudo, por mais decepcionada que estivesse, eu não podia deixar de sentir uma ponta de vergonha toda vez que cruzávamos com um bando de jovens americanos tropeçando bêbados pelas ruas, aos gritos de "O sole mio!".

VOCÊ PODE NADAR EM DINHEIRO

Ao contrário da americana que eu era, Valentina tinha crescido com uma garrafa de vinho na mesa de jantar, e não deparava com sobrancelhas paternas levantadas de indignação e um *Mas o que é que você pensa que está fazendo?* se sua mãozinha de menor de idade tentasse pegá-la. Por isso, em parte, é que podia sair para noitadas de verdade, dignas de Annette Funicello, enquanto eu estava a caminho de uma emergência com um tubo enfiado na garganta. E voltando para casa com o haxixe intacto.

Para ela, beber não era nada demais, apenas parte da vida cotidiana. Uma garrafa de vinho tinha o mesmo potencial de excitação que o pedaço de pão ao lado, na mesa. Mas para mim era tabu, perigoso, emocionante e irreverente como fumar cigarros ou chamar os pais dos colegas pelo prenome. Eu já passara dos vinte e um, não tinha mais ninguém mandando na minha vida, podia fazer o que bem quisesse e foi o que fiz, por mais nauseada que ficasse.

O meio em que vivemos determina tudo, dos nossos hábitos etílicos à situação financeira, passando pela aparência física, e quanto mais tempo mergulharmos em certos ambientes, mais haverão de nos influenciar. Já percebeu que depois de certo tempo as pessoas começam a ficar parecidas com seus cães? Ou que você passa a chamar tomate de *tomahto*, em vez de *tomeito*, quando cruza o Atlântico para a Inglaterra e fica lá por um bom tempo? E não sei como é com você, mas eu tenho um armário cheio de coisas que comprei nas férias — um suéter de lã tricotada da Islândia, anéis para todos os meus dedos comprados na Índia, um chapéu de palha pontudo que me faz parecer um daqueles guarda-chuvinhas que vêm nos drinques no Vietnã, coisas que eu usava com frequência quando estava longe de casa, e que, agora que voltei, não saem mais do armário.

No caso do dinheiro, as pessoas e coisas de que você se cerca têm um efeito enorme na maneira como o percebe e se sente a respeito dele. O seu ambiente ajuda a definir aquilo que você considera caro ou barato, uma compra criteriosa ou absurda e quanto você se sentirá autorizado a ganhar. Na verdade, sugiro o seguinte e esclarecedor exercício: calcule a renda média das cinco pessoas com as quais você mais convive, e muito provavelmente terá a sua.

Se eu tivesse passado a infância na Itália e convivido mais com Valentina, provavelmente teria evitado os nove quilos que acumulei com o álcool em Barcelona e ainda teria a pulseira que ganhei da minha avó e que perdi apostando bêbada num jogo de dardos certa noite (detesto dardos, não sei mesmo o que estava fazendo).

Nessa época, contudo, eu andava com uma tribo que entornava legal, orgulhava-me do meu imbatível recorde de derrubada de um caneco de cerveja em menos de dez segundos e não estava interessada nos assuntos mais sofisticados da vida, como ter boa saúde e acordar em algum lugar lembrando como fora parar ali.

Sem pensar muito na questão, aceitamos nosso ambiente como a "realidade", uma representação de como é a vida normal — pois não é perfeitamente normal para qualquer pessoa beber cerveja sem parar direto da torneira de um barril até estourar? Por isso é que, ao decidir elevar seu patamar de renda e seu padrão de vida, é importante que você se posicione da melhor maneira possível no novo ambiente que deseja criar para si mesmo: isso não só o afasta da sua velha maneira de pensar, crer e ser como dá ao novo ambiente a oportunidade de começar a exercer efeito sobre você e de se tornar sua nova ideia de normalidade, em vez do velho e bom *Como assim?! Eu?*.

Vá toda semana fazer um test drive do carro que gostaria de comprar. Entre nas lojas nas quais mal pode esperar para comprar, e experimente roupas. Percorra os bairros onde um dia vai adquirir uma casa e escolha aquela de que mais gosta. Passe um tempo no terminal internacional do aeroporto, visite a marina e dê uma olhada nos barcos, veja documentários sobre pessoas que descem de balsa o Grand Canyon, apareça nos dias de folga na academia de ginástica que vai passar a frequentar — o que quer que o deixe ligado, vá pré-degustar.

Na época em que ainda vivia sem dinheiro, eu morava em Los Angeles num bairro de que não gostava, mas que estava ao alcance do meu orçamento. Enfrentava o trânsito várias vezes por semana para atravessar a cidade e passar tempo num bairro à beira-mar no qual realmente queria viver, mas que parecia muito caro. Adorava a ideia de viver perto da praia, ouvindo as ondas na hora de ir deitar-me, dando longas caminhadas ao pôr do sol, esperando na fila do banco junto com sujeitos molhados segurando pranchas de surfe. Era como eu queria viver. O único problema era que é assim que muita gente quer viver, e encontrar um lugar para morar no litoral custava basicamente duas vezes o que eu pagava na época no bairro que detestava. Ou pelo menos era o que todo mundo dizia, inclusive os classificados on-line.

De qualquer maneira, eu fazia quase todo dia o percurso de trinta e cinco minutos de carro até a praia, sentava num café do bairro onde queria viver e fingia que acabava de descer do meu apartamento ali ao lado. Dizia a todo mundo que parava por mais tempo que eu estava procurando apartamento, colecionava anúncios, lia os obituários e dizia a todos os meus amigos, pedindo que eles, por sua vez, dissessem aos seus amigos — fazia de tudo, só faltando pendurar uma placa no pescoço com meu número de telefone e me plantar no meio da calçada. Durante meses, não consegui encontrar nada em lugar nenhum que chegasse perto das minhas possibilidades financeiras, até que certo dia apareceu anunciado nos classificados um apartamento que ficava a três quarteirões da praia e custava apenas cem paus a mais do que o valor que eu já pagava. Parecia bom demais para ser verdade, e quando eu fui participar da visita coletiva, havia muita gente, pois aparentemente todo mundo também tinha achado que era bom demais para ser verdade. Mas o anúncio não mentia: ficava mesmo a três quadras da praia, incrivelmente barato para essa parte da cidade, e era "aconchegante". O que o anúncio não dizia era que o último ocupante fora um Toyota Corolla, pois o apartamento era uma garagem. E garagem para um carro só, diga-se de passagem.

Mas eu queria morar perto da praia e aquele lugar era minha porta de entrada, de modo que escrevi um bilhete amoroso sobre o apartamento no meu formulário de candidatura, telefonei para o proprietário e disse que era muito séria e asseada; apareci no dia seguinte quando ele estava pintando as paredes levando um sanduíche de pastrami em pão de centeio e, por fim, provavelmente só para se livrar de mim, ele me alugou o espaço.

Bem sei que o fato de ter me mudado para a garagem de carro único dos meus sonhos não é lá uma história de sucesso financeiro tão fascinante assim, mas a estou compartilhando aqui por ter sido um trampolim. Levou-me a viver num ambiente no qual eu tanto desejava estar, e foi nesse pequeno refúgio tosco que alegremente dei os primeiros grandes passos para ganhar dinheiro de verdade, o que fez com que acabasse me mudando pouco depois da garagem para uma casa de gente grande. Mas enquanto estava na garagem, tratei de arrumar o lugar da melhor maneira possível: pintei as barras das janelas de um branco bem brilhante, fiz móbiles com conchas e pedras, e os pendurei nos canos de ventilação do teto, e cobri as fendas retorcidas da porta com molduras compradas no brechó, enchendo-as com fotos dos amigos. O fato de ouvir e sentir o cheiro do mar, de andar de bicicleta para todo lado e nadar quando tivesse vontade fez uma enorme diferença na minha energia e na minha visão da vida. Eu me sentia muito à vontade, inspirada e feliz.. E também provara para todo mundo, inclusive eu mesma, que era capaz de fazer o impossível — achei um apartamento barato em Venice Beach.

Somos seres de energia movidos pela emoção, e se o seu ambiente o deixa deprimido é fundamental fazer o possível para melhorar as coisas. Dê uma guaribada na pintura, limpe as janelas, pendure fotos de revistas mostrando lugares nos quais gostaria de viver ou que apreciaria visitar, e olhe para eles o tempo todo, cultive plantas, limpe seu entulho, jogue uma bela manta sobre o sofá velho, e, por favor, troque as folhas de papel presas com tachinhas nas vidraças por umas benditas cortinas. Um casal de amigos está para vender sua casa, de modo que limparam toda a sujeira, pintaram a porta traseira enferrujada, capinaram o mato do quintal, taparam os buracos nas paredes, fizeram tudo isso para arrumar o lugar e vendê-lo, e ficaram para morrer por não se terem dado ao trabalho de fazê-lo quando estavam morando, pois mudou completamente o clima do lugar.

Não é necessário gastar com isso montes de dinheiro nem de tempo — pequenas coisas podem fazer uma enorme diferença —, e é um investimento no seu potencial. É possível fazer surgir beleza do lixo orgânico, mas não sem o necessário cultivo e energia. O decadente tende a decair sempre mais, de modo que reserve um dia, um diazinho apenas, para cuidar de elevar a frequência do seu ambiente.

Isso se aplica a tudo no seu ambiente físico. As roupas que veste, a comida que ingere, a música que ouve, os lugares que frequenta — esteja bem atento ao que lhe dá alegria, deliberadamente se envolva o melhor que puder com essas atitudes e descarte qualquer coisa que o puxe para baixo ou o faça bocejar.

Uma amiga contou-me uma história hilariante sobre uma companheira de quarto francesa que, um dia, vendo-a mudar de roupa, disse com seu pesado sotaque parisiense: "Pela sua roupa íntima, fico achando que você é uma pessoa triste e detesta a vida que leva." Minha amiga olhou para as próprias calcinhas de algodão, muito práticas, de um pacote de cinco comprado há muito tempo, e pensou: *Mas são calcinhas mesmo, pelo menos não são aquelas calçolas de cintura alta que a vovó usava, já não é alguma coisa?*

A parte mais importante do ambiente da qual você precisa se conscientizar são as pessoas de que se cerca. Especialmente quando mal começou a fortalecer seus novos músculos da fé, cavar além de todos os seus medos, dúvidas e preocupações e conseguir que algum dinheiro de verdade passe a fluir na sua vida. Vai precisar de toda a força de que dispõe, e não há casca de banana mais perigosa que o colega, amigo ou parente que solta no seu caminho um comentário inútil do tipo "Acabei de ler um artigo mostrando que quatro de cada cinco restaurantes que são abertos não vão em frente. Você pode perder tudo que tem se essa sua ideia de abrir um restaurante não der certo".

• •
>Nada estoura nosso balão da crença como a alfinetada de um amigão.
• •

Procure cercar-se de pessoas que o animem e apoiem, e não de gente que venha com bobagens do tipo: "Pois, então, boa sorte com isso!", ou aquele velho favorito "Estou dizendo essas coisas (negativas) porque me preocupo com você, estou apenas tentando ajudar". O que estão dizendo, basicamente, é: "Eu sou pequeno e medroso e estou esfregando na sua cara, mas você não pode reclamar, pois isso significa que me importo com você." Gente que vive preocupada, que não acredita em nada, malucos, deprimidos, povo que pensa pequeno, queixosos, negativos, lamurientos, resmungões, mal-humorados, assustadiços — não é com esse tipo de gente que você vai querer compartilhar seus sonhos.

O problema é que fazer um *upgrade* no departamento humano é um pouco mais desafiador do que jogar fora panos velhos ou plantar girassóis no quintal, especialmente se seus parentes são as pessoas mais negativas. É um dos problemas mais comuns e perturbadores que as pessoas enfrentam quando decidem enriquecer, portanto você não estará sozinho se estiver se perguntando, *Mas que droga é essa?!*.

Eis o que você pode fazer quando o pessoal ao seu redor é negativo, medroso e não apoia sua vontade de botar pra quebrar:

- Não tente mudá-los. Ofereça seu estímulo, ame-os, dê conselhos quando pedirem, diga que os acha maravilhosos, mas não tenha como projeto tentar fazê-los ver a luz. Primeiro, não conseguirá levá-los a executar o que quer que seja se eles não quiserem evoluir. Se estão morrendo de medo porque você vai mudar de vida, além do medo de mudarem suas próprias vidas, só vão despertar quando estiverem prontos, e não quando você quiser. Além disso, em segundo lugar, o caminho é deles, eles é que escolhem como vão percorrê-lo. Terceiro, essa situação poderia deixar todos os envolvidos mal-humorados, pois você ficará frustrado, e eles, chateados.

- Dê o exemplo. Em vez de dizer o que os outros devem ou não fazer, trabalhe-se, torne-se o melhor que puder ser; e se perguntarem como é que fez, faça o possível para ajudá-los, e caso não perguntem, deixe-os em paz.

- Não compartilhe seus sonhos nem o trabalho que está fazendo consigo mesmo, se já demonstraram que não vão apoiá-lo e/ou vão jogar dúvidas e preocupações na sua cara. Qual o sentido? Você continua a amá-los e conviver com eles, apenas não os envolverá nessa parte da sua vida.

- Procure a companhia de pessoas que estão indo a algum lugar, que entendem e apoiam o caminho que você segue, que formam a sua nova tribo. Se não conhece pessoas assim, encontre-as. Descubra como. Frequente seminários de coaching, faça contatos nas mídias sociais, tome aulas, inicie um grupo de leitura de livros de autoajuda – se encarar a coisa com seriedade, você vai encontrar a sua turma.

É terrível não ter o apoio das pessoas que amamos no caminho que escolhemos, pois, afinal de contas, o que poderia ser mais importante que as pessoas que amamos? Nossa ligação com elas é uma das coisas mais vitais que temos, e quando começamos a crescer e a mudar, e elas não nos acompanham, muitas vezes se instaura uma situação muito difícil para todos os envolvidos. Vem a ser liberado o Grande Medo Humano que Está na Base de Todos os Medos: *Serei abandonado* (pelas pessoas, por tudo que é conhecido, pela minha identidade, pela minha vida = vou morrer etc.). E a realidade é que, para florescer plenamente, temos de nos dispor a abrir mão dessas relações.

IMPORTANTE NOTA SOBRE ABRIR MÃO: estar disposto a deixar que as pessoas se vão não significa que elas se vão para sempre. Mas não é possível apegar-se ao seu velho eu e a suas antigas relações, e ao mesmo tempo crescer para se tornar o seu novo eu. É preciso escolher uma coisa ou outra: apegar-se e ficar, ou crescer e liberar-se e ver se eles vêm junto na caminhada.

Percebo que o tempo todo estou fazendo as duas coisas. Já vi muitos casamentos acabarem quando uma pessoa vai em frente e a outra fica presa no medo, e já vi pessoas se aproximarem mais do que jamais imaginariam porque ambas se abriram para ser aqueles novos seres que estavam se tornando (às vezes, leva algum tempo para que a outra pessoa acompanhe, mas nem sempre). Ninguém sabe o que vai acontecer, você não tem garantias de que alguém na sua vida não vá surtar ou rir de você, ou ter uma revelação, e se juntar a sua alegre caminhada em direção a tudo que é mais incrível. Tentar prevenir resultados, negar-se acesso a seus próprios sonhos, não ousar dar passos largos para que o pessoal em volta não comece com "está se sentindo mais poderoso do que é!" é uma total perda de tempo (e de vida). Foque em você mesmo, naquilo que o faz dar pulinhos de empolgação, pois deixar de viver a sua vida não é jeito de viver.

•••••••••••••••••••••••••••••••••••••
Quando sucumbe ao medo, você está
na ilusão de que pode prever o futuro.
•••••••••••••••••••••••••••••••••••••

Perdemos tanto tempo deixando que o medo nos atropele, e metade do tempo nossos medos e dúvidas nem de longe se concretizam! Seria de imaginar que a esta altura já tivéssemos aprendido. Mantenha o foco nos seus desejos, e não nos seus medos, e confie em que tudo entrará nos eixos, como deve ser. O que acontece quando você cresce e muda é que vai retirando as camadas do seu velho eu, e as questões de natureza inferior se vão para abrir espaço para coisas de natureza superior. Podem ser partes da sua velha identidade, pode ser aquele roupão de banho caquético que você guarda desde a faculdade, podem ser relacionamentos que não atendem mais aos seus interesses nem aos da outra pessoa ("natureza inferior", por sinal, significa pessoas/coisas que você superou, que não estão alinhadas com aquela pessoa em que você está se transformando, não significa que de repente você esteja acima ou seja melhor que ninguém/coisa nenhuma). O que quer que você esteja deixando para trás, é preciso largar mão do inferior para abrir espaço para o superior, se quiser crescer.

Aqui vão algumas maneiras fundamentais de como você pode ser ajudado a enriquecer pelo convívio com gente de frequência alta.

ELAS LEVANTAM SUA ENERGIA

Basta lembrar como você se sente depois de ouvir um orador particularmente inspirado, ao sair com um amigo totalmente entusiasmado com seu negócio, e que troca ideias brilhantes com você tomando cerveja à beira da sua piscina ou quando simplesmente está fazendo o que mais gosta de fazer ao lado de pessoas incríveis — parece que você seria capaz de levantar um trator, de tão bombado. E como se sente quando está com gente que se queixa do cretino que é o patrão ou porque é impossível encontrar uma boa babá ou de estarmos todos ferrados porque a Previdência Social já terá explodido quando precisarmos dela. É como se tivessem esvaziado um cesto cheio de meias molhadas no seu colo. Nós somos criaturas energéticas, e quando alguém assume o compromisso de mudar a vida e enriquecer, uma das coisas mais importantes a fazer é ser absolutamente exigente quanto às energias a que se submete. Cerque-se de pessoas cuja energia o ilumine, e isso vai dar-lhe força para enriquecer.

ELAS FORTALECEM SUA FÉ

O fato de ter por perto gente confiante, positiva com a riqueza e que você respeita permite-lhe acreditar que a abundância também está ao seu alcance. Por impossível que pareça uma situação, uma pessoa superconfiante, que acredita em algo, sem sombra de dúvida é uma força da natureza capaz de inspirá-lo a atingir grandes alturas.

Eu costumava viajar de mochila com amigos que sempre me levavam até o fim do mundo nas regiões mais perdidas do sudeste do Utah. Para mim, era o maior mistério como é que eles sabiam aonde diabos estavam indo e como iriam me trazer de volta para casa. Passávamos por um desfiladeiro, percorríamos uma enorme extensão arenosa, escalávamos pedras sem fim, subíamos um rio, abríamos caminho por um aluvião e, então, cinco dias depois, Eureka! Dávamos certinho no local onde o carro havia sido estacionado.

Numa dessas viagens, contratamos uma mulher que fazia transportes de jipe para nos deixar na entrada de um desfiladeiro. Quando a encontramos em sua garagem, ela nos disse que havia uma enorme ninhada de cascavéis exatamente no desfiladeiro pelo qual passaríamos, e que elas estavam em toda parte. Meus amigos a estão ouvindo, perfeitamente tranquilos, enquanto botam as coisas no jipe. Eu me contorço toda como se estivesse vendo um filme de terror e a vítima em potencial não se desse conta de que está chegando sua hora. *Ela disse cascavéis! Um ninho! Muitas! No nosso desfiladeiro!* Aquela mulher sabia onde colocava os pés, era dura e escarpada como as próprias encostas do desfiladeiro, mas meus amigos simplesmente a deixaram concluir sua historinha de cobras, como se estivessem sendo obrigados a aguentar que contasse as coisas engraçadinhas que seu cachorro tinha feito naquela manhã, e então perguntaram se haveria água por lá ou se teríamos de levar.

Eu confiava totalmente nos meus amigos e tinha absoluta fé neles, de modo que se não estavam com medo de passar seus últimos momentos na Terra com veneno de cascavel pulsando nas veias, não seria eu a me apavorar. E lá fomos nós, eu e minha fé, direto para o desfiladeiro atrás deles, retornando seis dias depois sem qualquer sombra de mordida nem sequer uma única cascavel à vista.

•••••••••••••••••••••••••••••••••••••••
A fé é contagiosa.
•••••••••••••••••••••••••••••••••••••••

Cerque-se de pessoas que tenham fé inabalável em si mesmas, em você e no nosso abundante Universo, e isso o ajudará a dar os passos de gigante de que precisa para enriquecer.

ELAS O COLOCAM PARA CIMA

Quando está por perto de gente que ganha dinheiro com excelência e alegria, você não só vê o que é possível para você como se motiva a exigir de si mesmo. Se estiver por perto de gente sentada no sofá o dia inteiro bebendo cerveja, vai se sentir um herói se conseguir botar a roupa para lavar.

A competição saudável é algo maravilhoso. Cerque-se de pessoas que estejam dando o melhor, e também vai querer dar o melhor de si.

ELAS O TORNAM MAIS PODEROSO

Existe uma excelente história sobre um exército que está para atravessar uma ponte, e o capitão diz aos soldados que caminhem fora de sincronia, pois se estiverem no mesmo passo o *momentum* levará a ponte a dar aquela entortada característica que as pontes sempre dão antes de se partirem. Um grupo de pessoas movendo-se juntas gera uma força maciça o suficiente para partir uma ponte ao meio. Juntar-se a gente disposta e compartilhar seus recursos, suas ideias, seus contatos, seu conhecimento, seu entusiasmo e seu lanche pode fazê-lo avançar muito além e mais rapidamente do que se estivesse trabalhando sozinho. Cerque-se daqueles que pensam grande, de maneira generosa e criativa, e vai maximizar suas oportunidades de enriquecer.

ELAS CELEBRAM VOCÊ TAL COMO É

Todo mundo costuma falar sobre como é possível saber quem são os verdadeiros amigos quando se está desesperado e as coisas não podiam estar piores. Mas quero aqui mandar um agradecimento especial aos amigos que ficam ao seu lado quando você está arrebentando a boca do balão. Quando você está no fundo do poço e o pessoal vem ajudá-lo, eles têm a oportunidade de se sentir úteis, de fazer uma boa ação, de serem heróis. Não me entenda mal, é realmente lindo, essencial cuidar uns dos outros, e sou imensamente grata a todos aqueles que um dia me ajudaram quando eu estava mal, mas acho que é preciso lembrar mais os amigos que altruisticamente o festejam quando você está bombando. Especialmente se eles próprios não estão se saindo tão bem assim. Seu sucesso os obriga a olhar para a própria vida e pensar no que poderiam fazer diferente, o que em geral deixa as pessoas bem nervosas. Cerque-se de pessoas que o apoiem e comemorem o seu sucesso, aconteça o que acontecer.

HISTÓRIA DE SUCESSO: SE ELA PODE, EU TAMBÉM POSSO.

Jill, 42 anos, ganhava em média US$2.500 por mês e passou a ganhar US$45.000:

Quando eu era a número um no recrutamento para minha empresa de venda direta, ganhava apenas US$2.000 a US$3.000 por mês. Decidi começar a treinar vendedores em estratégia de mídias sociais, e agora ganho em média US$40.000 a US$50.000 por mês, com metas de crescimento voltadas para duplicar essa figura no ano que vem.

No mundo das vendas diretas/marketing em rede, é muito fácil apegar-se a uma mentalidade de acumulação – do tipo "É melhor acumular e guardar para mim meu conhecimento/informação/contatos, pois se compartilhar estarei arrumando competição". Pois o que eu ensino é a mentalidade da abundância. Trata-se de acreditar 100% que há negócios suficientes para todo mundo, e que o Universo vai recompensá-lo por distribuir o que é bom. Tenho dezenas e dezenas de exemplos de clientes que viabilizaram negócios em seu próprio benefício com base num mindset positivo e voltado para a abundância – mesmo havendo milhares de outros vendedores comercializando os mesmos produtos on-line.

Eu nunca tive grandes medos em relação ao dinheiro. Meus desafios eram de natureza mais tática. Eu tinha ideias sobre os resultados que queria, mas não sabia de que ferramentas ou sistemas precisava. Investi num coach de negócios e contratei uma equipe de apoio antes mesmo de ganhar dinheiro suficiente para justificá-lo. Queria ter os sistemas instalados e funcionando para ser capaz de escalonar rapidamente — e foi o que aconteceu. Estou agora num ponto em que poderei elevar minhas tarifas de novo no fim do ano, pois abri frentes para escorar o segmento inferior do meu mercado.

Tenho um grupo muito unido de amigos, e eles são meus torcedores, cobradores de excelência e garotos-propaganda. Eu também medito, leio e, segundo dizem, já fui vista chorando quando estou assustada. Nesses casos, procuro pensar: *Será que é assim que eu quero aparecer para meus clientes?* Ensino uma filosofia da CORAGEM. Na venda direta, competimos com muitos outros que vendem os mesmos produtos ou serviços. O que poderá então fazer-nos sobressair? Ter CORAGEM e ser diferente — on-line, pessoalmente, com confiança e uma atitude de equilíbrio e segurança. Pratique vinte segundos de uma coragem absurda, e coisas incríveis acontecem. Encontre um coach de negócios e faça o investimento. Siga as recomendações ao pé da letra, mude seus sistemas, pare de atrapalhar a si mesmo e simplesmente faça.

Meu marido e eu temos a convicção de que o dinheiro não faz ninguém feliz, simplesmente dá opções. E assim conseguimos saldar as dívidas, viajar, investir em nossas economias e na aposentadoria. Mas não creio que o dinheiro nos tenha mudado.

PARA ENRIQUECER

Sugestão de Mantra do Dinheiro (para dizer, escrever, sentir, apropriar-se):
Eu gosto de dinheiro porque ele me faz chegar mais perto de quem sou realmente.

1. Monte um painel visual recortando imagens de lugares, coisas, experiências, tipos de pessoas que lhe pareçam empolgantes vivenciar na sua nova vida mais rica, e pendure onde puder vê-lo com frequência.

2. Faça uma lista de todas as coisas que talvez tenha de deixar para trás no seu caminho para a riqueza. Pense em pessoas, objetos, velhas identidades etc. – se não lhe trazem alegria e inspiração, livre-se deles ou se afaste (em vez de lutar para preservá-los). No caso das pessoas que estão na sua vida, comece devagar e aos poucos vá liberando. Talvez seja o caso de não compartilhar seus sonhos e vitórias com elas, se não forem capazes de lidar com isso, ou quem sabe largar de mão a necessidade de fazê-las ver as coisas do seu ponto de vista e tentar mudá-las, ou ainda conviver menos com elas. Perceba especificamente o que não funciona entre vocês e faça algumas mudanças. Isso permitirá que todo mundo seja como tiver de ser em relação a sua transformação, além de abrir espaço para que gente e coisas de frequência alta entrem na sua vida.

3. Melhore seu ambiente. Preste atenção à maneira como o fazem sentir-se as coisas de que se cerca. Escolha pelo menos uma coisa em todas as seguintes áreas e promova um upgrade, de maneira a se dotar de ainda mais alegria e energia:

- Sua casa
- Seu carro

- Suas roupas
- Sua aparência em geral
- Sua rotina de exercícios
- A comida que ingere
- A música que ouve
- As notícias a que dá atenção

4. Faça dois novos amigos de alto astral. Perceba com clareza suas qualidades específicas, como o fazem sentir-se, e tome nota por escrito. Em seguida, valendo-se das sugestões deste capítulo, faça conscientemente um esforço para encontrar pessoas de frequência alta e conscientes em relação à riqueza, para se cercar delas. Tenha fé e gratidão pelo fato de elas realmente existirem, faça tudo que seja capaz de imaginar para conhecê-las e saiba que elas também estão à sua procura.

5. Comece um grupo de domínio de mindset com uma ou duas pessoas. Tenha uma conversa telefônica uma vez por semana, dê a cada pessoa um tempo específico para fazer um brainstorm e focar nas suas metas de enriquecimento (em geral, quinze ou trinta minutos) e então passe para a outra pessoa. Faça-o apenas com gente de astral alto e que bota pra quebrar!

Preencha o espaço em branco:
Sou grato pelo dinheiro porque _____.

CAPÍTULO 10

E AGORA, UMAS PALAVRINHAS DO MEU CONTADOR...

Eu tive a sorte de crescer num bairro seguro de subúrbio, com muito espaço para perambular e uma tribo mais ou menos da minha idade. Nós erguíamos fortalezas à beira do rio, construíamos ninhos nas árvores, descíamos de trenó a enorme colina da sra. Randall, apanhávamos vaga-lumes em jarros, chutávamos latas, trancávamos minha irmãzinha e suas amigas no closet e dávamos as ordens: 1) Trazer para cada uma de nós dois sanduíches de pasta de amendoim e geleia, sem casca, com duas vezes mais geleia que pasta de amendoim. 2) Tirar as calcinhas e botá-las na cabeça. 3) Telefonar para a pizzaria e mandar entregar dois *calzones* de salsicha na casa da Sra. Malloch (a velha que mora do outro lado da rua). Vocês têm dez minutos. Para cada minuto de atraso, terão de comer um biscoito de cachorro. PARTIU! O TIMER ESTÁ MARCANDO!

Nossa casa muitas vezes era a sede de ação por alguns motivos, dos quais os três principais eram: tínhamos uma mesa de pingue-pongue, minha mãe comprava Twinkies e o livro de queimaduras.

E AGORA, UMAS PALAVRINHAS DO MEU CONTADOR...

O livro de queimaduras era um dos muitos da pilha de livros de medicina que meu pai tinha no escritório, e havia nele algumas das mais horripilantes imagens da desgraça corporal humana que se possa imaginar. Grandes fotografias muito bem iluminadas, em papel lustroso, de pessoas no hospital com metade do rosto derretido, enormes pústulas purulentas nos braços, um pé preto de queimadura, como um marshmallow carbonizado. Nós nos aconchegávamos e, quem ganhasse no cara ou coroa, folheava a maravilha ou fazia todo mundo ficar olhando para a mesma imagem horrorosa. Nós nunca aguentávamos mais que um minuto mais ou menos até fechar o livro e sair correndo pela casa, gritando como loucas.

Eu era orgulhosa demais para admitir, mas detestava o livro de queimaduras. Ficava assustada com aquelas fotos, imaginando a dor que as pessoas deviam sentir. Mais de uma vez tive um pesadelo em que me olhava no espelho e via meu rosto completamente desfigurado. Mas era sobretudo a dor que me incomodava ver, e até hoje fico paralisada diante da dorzinha mais fracote, seja minha ou de alguma outra pessoa. Meu mais recente acidente, envolvendo a unha do dedão do pé totalmente arrancada — e não vou aqui entrar nos detalhes, pois foi bem sangrento e nada bonito — adquiriu proporções totalmente fora de propósito. O médico fez a assepsia do dedo e o envolveu em quilômetros de gaze e esparadrapo, e andei durante semanas com o pé parecendo um taco de polo. Se eu fosse um adulto racional, teria retirado a gaze dois ou três dias depois e substituído por um simples Band-Aid com um pouco de pomada, mas preferi continuar capengando, tomando banho com o pé envolvido num saco plástico e optando por sandálias abertas até quando fosse possível, para não ter de tirar aquele monte de gaze nojento e encarar o que estava por baixo.

É exatamente como se comporta muita gente falida quando se trata de dinheiro. Preferimos capengar por aí atados a nossa relação amarfanhada e insalubre com o dinheiro, temendo não ser capazes, se formos retirando as camadas, a ter de lidar com o que encontraremos por baixo. Mas ao encarar o que quer que esteja por baixo — seja a culpa de querer mais dinheiro, as aplicações mal geridas ou nossos planos nem tão impressionantes assim para enriquecer —, uma vez que foquemos a atenção para desenredar a coisa, nos capacitaremos a acabar com a tortura. A tentativa de evitar a dor sai pela culatra invariavelmente. Não queremos sentir a vergonha e a esquisitice que temos quando se trata de enriquecer, e assim ficamos duros e sentindo o tempo todo vergonha e esquisitice quando se trata da nossa falta de dinheiro. Não queremos sentir o estresse de lidar com grande quantidade de dinheiro, e assim ficamos duros e constantemente estressados com a falta de dinheiro. Não queremos transformar o dinheiro no foco central da vida, por achar que outras coisas são muito mais importantes, e assim ficamos duros e sem contato com nossas finanças e, em consequência, constantemente preocupados com dinheiro e pensando em dinheiro, quase mais que em qualquer outra coisa.

••
A piada cósmica sem graça nenhuma:
na tentativa de nos proteger da dor, perpetuamos
comportamentos que criam exatamente aquela
dor que tentamos evitar.
••

Graças ao nosso apego a evitar situações, as pessoas em média passam mais tempo em busca do ângulo perfeito para tirar a *selfie* mais legal do que tentando descobrir o que realmente querem da vida, quanto isso pode custar e como aumentar a própria renda para fazer acontecer. Pessoalmente, eu mesma me lamentei e amarguei durante décadas por ser uma dura, frustrada e incapaz de enxergar qualquer saída. Mas minha capacidade de concentração quando se tratava de cuidar concretamente do dinheiro de que precisava, me empenhar, comprometer-me a aprender novas habilidades ou assumir riscos grandes era praticamente inexistente. Eu era Sua Alteza Real da Negação. Não tinha a menor ideia da minha despesa mensal ou do quanto entraria por mês; simplesmente dava um jeito de apertar os olhos, segurar firme e ficar na esperança de acordar no fim do mês ainda com energia em casa. Como muita gente, trabalhava duro como escritora freelance porque "é o que eu sempre fiz" e "é a única coisa que sei fazer para ganhar dinheiro". Em vez de correr atrás de outros bicos como escritora, meu tempo teria sido muito mais bem empregado dando uma parada, fazendo as contas e reconhecendo que estava num total beco sem saída: vinte e quatro horas por dia + apenas escrevendo + cobrando US$40 por hora = estou cansada, irritada e só dou gorjetas vergonhosas.

A gente aprende que, se trabalharmos com afinco, de algum jeito o dinheiro virá. Se fosse verdade, todos os ricos estariam de olhos injetados e quase sem fôlego em vez de andando por aí de iate. Quando focamos no dinheiro, em vez de nos matar de trabalhar, e alcançamos perfeita clareza sobre quanto desejamos ganhar, e o que podemos fazer diferente para isso, abrimos a porta para novas liberdades.

• •
O que mais prende as pessoas
é a resistência à mudança.
• •

Você precisa dispor-se a mudar algo se quiser modificar sua situação financeira. Simples assim. Talvez tenha de deixar de lado o ego e pedir ajuda a um mentor ou coach, talvez tenha de aceitar um emprego que não é exatamente o emprego dos seus sonhos, como trampolim para chegar onde precisa ir, talvez tenha de triplicar suas tarifas, fazer visitas de vendas a pessoas que nunca ouviram falar de você, gastar dinheiro que tem medo de gastar, aceitar um emprego num lugar onde parece não ter a menor ideia de que diabos está fazendo e começar a entender enquanto avança.

Se está evitando se arriscar e quer ficar rico, precisa parar de evitar se arriscar. Precisa tirar o foco de onde está e o que pode perder e se envolver em pensamentos de onde deseja estar e tudo que tem a ganhar. Precisa jogar para ganhar, em vez de jogar para não perder.

Por exemplo, conheço uma pessoa que tem um emprego estável e bem remunerado, que é o emprego mais chato do planeta (nas próprias palavras dele). Faz coaching de mídia nas horas vagas, o que adora fazer, e essa segunda ocupação está prosperando, com muito pouco esforço da parte dele — ele é tão bom nisso que o boca a boca o fez conseguir mais trabalho do que é capaz de dar conta. Na verdade, ele está rejeitando clientes, pois não tem tempo para aceitar novos e ao mesmo tempo manter seu emprego fixo.

Ele quer desesperadamente ganhar mais dinheiro e fazer o que gosta de fazer, mas não consegue sair do lugar — jamais terá um aumento superior a 3% ao ano nesse emprego e só dispõe de tempo para trabalhar com clientes de coaching de mídia nas horas vagas. Naturalmente, poderia convocar seu poderoso guerreiro interno, largar o emprego, dar um salto de coragem para montar seu negócio próprio e ganhar milhões vendendo coaching de mídia. Mas ele não chega sequer a ver a possibilidade, pois está preso aos medos e crenças de que *só um idiota largaria um emprego estável para mergulhar no desconhecido. Ele não está pronto, a economia pode afundar a qualquer momento, e se ele não ganhar tanto no coaching em tempo integral quanto ganha no emprego fixo? etc.* Claro que não há garantias de que ele vai prosperar se der o salto, mas se não o der terá todas as garantias de passar a maior parte dos seus preciosos dias na Terra começando as manhãs no emprego fixo com a cara caída de tédio na mesa e marcas do teclado do computador na bochecha.

Dizem que quando Cristóvão Colombo chegou ao Novo Mundo os nativos não viram logo seus navios, embora estivessem bem ali na praia olhando na direção deles. Nunca tinham visto um navio antes; gente flutuando na água era um conceito completamente estranho para eles, e levou algum tempo para que seus cérebros ligassem os pontinhos e absorvessem o que aparecia à sua frente. Portanto, logo de cara, eles literalmente só viam o mar.

É onde muita gente fica presa ao tentar imaginar o que fazer para ganhar dinheiro — estão tentando mudar suas vidas a partir da perspectiva de sua atual realidade. As novas oportunidades lhes são tão estranhas que não são capazes de vê-las ou simplesmente elas não fazem sentido.

•••
Mude sua mente, mude sua vida.
•••

Vou aqui indicar cinco caminhos diferentes para ajudá-lo a maximizar seu fluxo de renda, mas quero que tenha em mente que o que quer que aconteça, você precisa expandir seu mindset para além de onde se encontra, se realmente quiser arrebentar a boca do balão. Desperte, torne-se consciente da maneira como percebe a "realidade", faça novas escolhas, consiga ajuda para mudar de perspectiva e acredite no inacreditável. Muitas pessoas não conseguem sair da luta financeira porque não conseguem expandir o horizonte mental, e não por não serem boas no que fazem ou não terem possibilidades.

Independentemente de qual desses caminhos se aplique a você, leia-os todos, pois sempre ocorrem sobreposições, e nunca se sabe de onde surgirá a centelha de uma ideia capaz de mudar sua vida:

1. ABRA UM NEGÓCIO PRÓPRIO.

- Sou empresária há mais de duas décadas e nem posso imaginar viver de outra maneira, mas decididamente não é para todo mundo. Aqui vão alguns prós e contras que regularmente discuto com minha tribo:

Prós:
- Não há limite para a quantidade de dinheiro que você pode ganhar ou para a expansão do seu negócio. Pequeno, médio, grande, a escolha é sua. A decisão é sua. O mundo é seu.
- Você determina seu estilo de vida, trabalha quando e como quer e com quem quer. Pode viajar pelo mundo enquanto dirige seu negócio, comandá-lo da cozinha, contratar apenas amigos, trabalhar de roupão, o que for.
- Você é o patrão. As decisões são suas, as vitórias são suas, a regra de que todo mundo tem de trazer o cachorro para o trabalho é sua.

Contras:
- Você é o patrão. As responsabilidades são suas, os riscos são seus, o que está na reta é o seu.
- A única estrutura de que dispõe é aquela que você mesmo cria, de modo que precisa ter uma disciplina de ferro.
- Muitas vezes, especialmente no início, você está sozinho. Em frente de um computador. Muito mesmo. Donde se explica que seja tão útil a regra obrigatória de levar o cachorro para o trabalho.

Se decidir montar um negócio próprio:
- Observe o que o entusiasma, o que lhe vem naturalmente, o que gosta de compartilhar com o mundo, quais produtos ou serviços o deixam empolgado e o inspiram a fazer algo semelhante. Reúna a maior quantidade possível de especificações concretas e veja se pode transformá-las num negócio.
- Outra excelente maneira de ter ideias é prestar atenção em queixas ouvidas com frequência, seja de você mesmo ou de

outras pessoas: *Não encontro em lugar nenhum uma bolsa prática e bonita para carregar meu laptop. Como se explica que praticamente não há alternativas saudáveis de fast food? Eu adoraria viajar de carro e não ser obrigado a comer porcaria na estrada. Quando é que alguém vai escrever um livro de autoajuda que use piadas e xingamentos?* Faça uma lista de todas as coisas que na sua opinião podem estar faltando — sejam produtos ou serviços. Uma vez anotadas, veja se há alguma que o empolgue e que você possa transformar num negócio, atendendo a uma necessidade que sabe existir.

- Faça as contas. Certifique-se de que sua ideia tem potencial de lucro e crescimento. Já vi muita gente abrir negócios que as deixavam extremamente excitadas, mas que praticamente não deram dinheiro ou acabaram *custando* dinheiro, pois elas estavam mais focadas no próprio entusiasmo do que no fluxo de entradas. Claro que as duas coisas são importantes, mas se você quiser um hobby, encontre um hobby. Se quiser um negócio que dê dinheiro, tenha clareza quanto aos montantes que deseja ganhar e vai ganhá-los. *Faça o que você gosta de fazer e o dinheiro que virá pode* funciona bem num travesseiro, mas não contribuirá muito para a conta bancária.

  Não acredito muito em planos de negócios se não estiver envolvido um empréstimo — os planos de negócios são trabalhosos, intimidantes e podem levar até a pessoa mais determinada a desabafar: *Que se dane, acho que vou voltar para a faculdade de história da arte* —, mas sou completamente a favor de ter total clareza e tomar notas sobre as possibilidades de renda, os gastos, as projeções, o mercado-alvo etc. para o seu negócio. O que é possível fazer em uma ou duas páginas. Quanto mais simples melhor.

- Otimize ao máximo o seu tempo. Você é um só e as horas do dia são contadas, assim, se tiver uma loja física ou vender workshops presenciais, veja se não pode vender/fazer on-line, passando a ter acesso ilimitado a um público ilimitado. E acaso não poderia eventualmente contratar pessoas para fazer o que você faz? Fornecer seu serviço a grupos, além de indivíduos? Vender infoprodutos, além de se apresentar em carne e osso? Otimizar o tempo permite-lhe trabalhar menos e ganhar mais, e é o que a garotada bem-sucedida está fazendo.

- Foque numa coisa só. Não tente começar dois projetos ao mesmo tempo ou fragmentar o foco ou o tempo de alguma outra maneira. Os empreendedores em geral são pessoas realmente criativas, o que é incrível quando se tem de compor um álbum inteiro ou escrever trinta e cinco e-mails de marketing, mas pode ser uma ameaça quando se abre um negócio. E eu lhe garanto: no momento em que você tiver uma grande ideia de negócio e começar a trabalhar nela, terá ideias incríveis para vários outros. Se dispersar a atenção e tentar mergulhar em mais de um ao mesmo tempo, estará ferrado. Dizem que os aviões gastam cerca de 40% do combustível ao decolar. Você precisa de toda a sua energia e de todo o seu foco para sair do chão. Quando seu novo negócio desenvolve velocidade de cruzeiro, continua dando trabalho, claro, mas você ganhou impulso e então pode voltar-se para suas outras ideias. Porém, enquanto não estiver a pleno vapor e dando lucro, não estará autorizado a iniciar outros empreendimentos ou assumir qualquer outro grande projeto.

- Faça o que for necessário. Na época em que trabalhava numa gravadora, eu tinha uma amiga louca para abrir uma empresa de gestão de branding. O emprego fixo como diretora de criação da gravadora tomava todo o seu tempo, e então ela saiu e decidiu trabalhar num bar enquanto montava sua firma. O único emprego que conseguiu foi num bar em frente à empresa da qual acabara de sair.

•••
De duas uma: ou você fica com o ego
ou fica com seus sonhos.
•••

Ela teve de puxar muito saco, servia drinques a estagiários que antes estavam sob suas ordens e acabou ganhando muitos milhões com seu negócio próprio.

- Torne-se bom em vendas. Sinto muito, mas, se pensar em um negócio, você necessariamente estará no negócio de vendas, pois sem vendas não há negócio. Faça cursos, descubra em que partes do mundo das vendas você é bom (a coisa é mais profunda do que imagina), pratique, capacite-se e pare de dizer que gosta de tudo no seu negócio, exceto as vendas.

2. TENHA UM NEGÓCIO PRÓPRIO E SE EMPENHE NO SEU CRESCIMENTO.

- Contrate um coach e/ou arrume um mentor. Já não aguenta mais me ouvir dizer isso? Os coaches e mentores são capazes de enxergar essas oportunidades sobre as quais venho gritando e berrando este livro inteiro – aquelas mesmas que estão fora do seu campo de visão porque você está na floresta e só enxerga as árvores. Eles estão mais adiante que você, no alto da montanha, chupando uma laranja e vendo-o tropeçar lá embaixo. São capazes de apontar em... Puxa vida, vinte e oito segundos, algo que você poderia levar três anos para descobrir.

- Tenha clareza sobre as partes do seu negócio que mais rendem. Seriam os eventos ao vivo? Produtos? Ofertas personalizadas de alto preço? Descubra e aposte mais nessa área.

- Delegue tudo que ainda não delegou. Um grande problema enfrentado por muitos empreendedores é que nos vemos trabalhando nos nossos negócios, e não *por* eles. Estamos tão presos no dia a dia que tirar tempo para desenvolver novas ideias e expandir parece um luxo. Mas não é. O crescimento é uma das partes mais empolgantes e vitais do seu empreendimento. Pare de fingir que você precisa fazer tudo, pegue a carteira, dê um grande salto e contrate mais gente para ajudar.

- Busque parcerias, empreendimentos conjuntos, investidores e outras pessoas que possam ajudá-lo a crescer.

- Veja onde pode criar fluxos de rendimento passivo (trabalhe uma vez, ganhe para sempre). Não poderia filmar-se dando um seminário e vendê-lo em forma de DVD ou para baixar na internet? Escrever um livro? Criar outros tipos de produtos? Investir nas empresas de outras pessoas? Rendimento passivo = tudo de bom, pois é como o dinheiro entra na sua conta bancária enquanto você bebe margaritas à beira-mar.

3. VOCÊ TEM UM EMPREGO QUE DETESTA/O MATA DE TÉDIO.

- Como não tem permissão para detestar/morrer de tédio com aquilo a que dedica a maior parte das horas do dia, você tem de se demitir. Antes, porém, seja grato por esse emprego que o sustenta e o está levando ao emprego dos seus sonhos. Veja também o número 5 nesta seção.

4. VOCÊ TEM UM EMPREGO DE QUE GOSTA, MAS NO QUAL NÃO GANHA MUITO DINHEIRO.

- Peça um aumento. Tenha clareza sobre os motivos pelos quais considera que merece esse valor a mais, relacione as muitas contribuições que deu para a empresa e as razões que fazem com que seja para ela um trunfo tão insubstituível. Investigue de que maneira sua participação aumentou a renda da empresa, elevou seu moral, melhorou sua imagem, sua reputação de promover as baladas de feriado mais incríveis da cidade etc. E acaso não teria capacidades, ideias e contribuições a oferecer que a empresa ainda não aproveitou ou das quais nem sequer tem conhecimento? Quem sabe não poderia trabalhar com seu patrão num prazo e num caminho para uma promoção?

Estabeleça a quantia em dinheiro que considera valer, peça-a com confiança e gratidão e esteja preparado para ir embora se não consegui-la. A realidade é que, quando você trabalha para outras pessoas, elas estabelecem o teto do que você pode ganhar, e assim, se não estiver satisfeito e elas não saírem do lugar, pode estar na hora de buscar outra empresa ou organização que remunere melhor. Ficar onde está, mas amargurado, é que não pode estar nos seus planos.

- Tome a iniciativa de ir atrás de promoções. Haveria na sua empresa oportunidades que lhe interessem e que remunerem mais? Se houver, converse com as pessoas que estejam nessas posições e descubra quem é o responsável, o que é requerido e abrace a missão de subir. Veja se pode ajudar essas pessoas de alguma maneira agora mesmo, mantenha-se em contato, trabalhe para elas nos fins de semana, conquiste-as, leve-lhes biscoitos, mostre que não está perdendo tempo. Se a sua empresa não tiver uma política interna de promoções, você está mesmo à mercê dos métodos que ela adota e, portanto, não há alternativa, mas se houver, vá até o fim.

- Saiba tudo da sua indústria ou do seu ramo de atividade e descubra se estão ganhando mais em outro lugar fazendo exatamente o que você faz. Se assim for, faça tudo que relacionamos no número 5, logo adiante, e consiga emprego numa empresa que remunere melhor.

- Reinvente o seu emprego. Se perceber na sua empresa que há coisas que precisam ser feitas, mas que não estão sendo, crie um novo emprego para si mesmo. Faça uma excelente proposta, relatando as maneiras como isso beneficiará a empresa e a ajudará a ganhar montanhas de dinheiro, e diga qual será o seu salário. Nunca se sabe, coisas muito estranhas podem acontecer.

- Veja se é possível deixar de ganhar um salário para ser pago por comissão. Salários têm teto; comissões, não.

- Complemente sua renda. Encontre algo que goste de fazer e que seja lucrativo e passe a fazê-lo nas horas vagas. Não estou falando de ficar estressado e trabalhar em excesso, mas se realmente adora seu emprego e o seu salário tão cedo não vai dobrar, você terá de aguentar e permanecer no mesmo nível de remuneração, ir embora ou descobrir alguma outra coisa que possa fazer para ganhar dinheiro extra.

5. VOCÊ ESTÁ DESEMPREGADO E PROCURANDO EMPREGO.

- Escreva todos os detalhes do emprego dos seus sonhos que são importantes para você: quanto ganha, o tipo de pessoas que trabalha com/para você, as capacitações de que se vale no seu emprego, o que veste, como se sente ao ir para o trabalho, se eles oferecem biscoitos grátis com o cafezinho uma vez por semana etc. Torne o emprego dos seus sonhos tão real que seja capaz de vê-lo e, mais importante ainda, senti-lo. Medite nessa imagem e nessa sensação dia e noite, seja grato por ele existir, tenha uma fé inabalável em que está vindo na sua direção e tome cuidado com o que diz. Nada de bobagens do tipo: *Como é difícil encontrar emprego! Estou a ponto de surtar, a economia não podia estar pior,* estou ficando velho, esta coisa já se arrasta há uma eternidade, me dá vontade de chorar. Será que é por isso que ninguém me contrata? Mantenha seus pensamentos, palavras, crenças e sentimentos alinhados com o emprego que busca e não se detenha até chegar lá.

- Lembre-se de que aquilo que você busca também está em busca de você.

- Faça absolutamente todas e cada uma das coisas que sabe fazer para conseguir seu emprego – diga a todas as pessoas que conhece e a todas as que elas conhecem o que está procurando (especialmente pessoas às quais tenha medo de se dirigir), ponha seu currículo em sites de ofertas de emprego, converse com pessoas que trabalham na sua esfera de ação, pedindo conselhos e orientação, contrate um caçador de talentos. Faça tudo e mais alguma coisa – seu emprego está aí mesmo, você não pode desejar o emprego se ele não existe. Mantenha firme a fé, alta a frequência, infindável a gratidão, aberta a mente e incessantes os esforços até ele aparecer.

- Aproveite os degraus do caminho. Se o emprego que você busca está levando algum tempo para surgir, aceite o emprego que o levará mais perto dele. Talvez não seja perfeito, mas se o levar ao mundo no qual você quer estar – por exemplo, ser o assistente de um agente se quiser ser um agente, trabalhar como secretária numa agência publicitária se quiser ser redatora, trabalhar num restaurante no bairro da alta costura da sua cidade se quiser entrar para o mundo da moda, qualquer coisa que ponha você em contato com as pessoas que queira encontrar e/ou as capacitações que precise aprender –, não deixe escapar. Aprenda tudo que puder, faça contato com o maior número possível de pessoas, fique de olho no prêmio cobiçado e dê o melhor de si.

Independentemente do caminho em que estiver, aqui vão algumas coisas básicas e fundamentais que você terá de fazer se quiser enriquecer:

- Trate o dinheiro como você gostaria de ser tratado. Você está tendo um relacionamento com o dinheiro e, para que as coisas andem bem, precisa investir tempo, foco e amor nessa relação. Dê à grana um motivo para querer ficar na sua companhia. Mostre interesse pela vida dela.
  - Tenha clareza quanto ao dinheiro de que dispõe, ao que está arrecadando (rendimentos, investimentos, direitos autorais, o cofrinho dos seus filhos, tudo), de quanto precisa mensalmente para viver e para onde vai cada um dos seus dólares. Você cria mais daquilo em que focaliza sua atenção. Isso levará aproximadamente quinze minutos, caso já esteja impaciente com a sobrecarga/o tédio.
  - Trate o dinheiro com respeito. Preste atenção no seu dinheiro e seja grato por todas as coisas incríveis que traz para sua vida. Fale muito bem dele. Dê e receba com alegria, gratidão e generosidade. Se o vir no chão, apanhe-o e lhe dê acolhida.
  - Caso sinta-se confuso, sobrecarregado ou sem boas ideias, contrate profissionais para ajudá-lo a gerir seu dinheiro – estrategistas financeiros, contadores... Não peça conselhos financeiros aos amigos quebrados! Pelo amor de Deus, procure pessoas que saibam o que estão fazendo!
  - Seja um bom anfitrião, abra espaço para o seu dinheiro, faça-o sentir-se bem-vindo. A natureza detesta o vazio, portanto, crie espaço a ser preenchido pelo seu novo dinheiro. Contrate um estrategista financeiro e

E AGORA, UMAS PALAVRINHAS DO MEU CONTADOR...

crie seu fundo de aposentadoria, fundos de investimento ou uma conta poupança – organize tudo de maneira bem simples, para ter onde colocar seu dinheiro quando ele começar a entrar. Se nunca antes ganhou muito dinheiro, pode ser difícil e confuso saber o que fazer quando ele aparecer, e é possível que o pânico o leve a rechaçá-lo psiquicamente. Prepare o ninho, e você ficará mais confiante e empolgado em enriquecer. Isso pode levar quinze minutos ao telefone (e não lhe custa nada de antemão – os estrategistas financeiros trabalham na base do percentual).

- Não leve o fracasso para o lado pessoal. Tire o ego da jogada e inclua a curiosidade. Encare o fracasso com uma atitude tipo *Hummm, por que será que isso aconteceu? Será que eu podia ter feito algo diferente?*. Não caia na armadilha de armar um drama daqueles em torno do fracasso e usá-lo como prova de que é mesmo um cretino/fracassado/jamais vai conseguir o que quer. Se tiver a vontade de ficar rico, o caminho está à sua frente.

•••••••••••••••••••••••••••••••••••••
O fracasso temporário só se transforma em derrota permanente quando você diz que é assim.
•••••••••••••••••••••••••••••••••••••

- Não hesite nem vacile. Aja agora mesmo de acordo com seus desejos. Você tem de percorrer seu caminho em direção à riqueza com senso de urgência, caso contrário vai se tornar presa de distrações, preguiça, crenças limitantes, procrastinação, ficar vendo televisão sem parar. Trabalhe com foco diligente e expectativa grata, faça diariamente tudo que puder da melhor maneira que estiver ao seu alcance, lembre-se de que quanto mais cedo alcançar suas metas financeiras, mais tempo terá neste planeta para se refestelar na riqueza.

- NOTA IMPORTANTE SOBRE A URGÊNCIA: urgência é o contrário de pressa. Ter pressa tem a ver com falta e uma sensação de pânico por não haver o suficiente. Leva a se sentir subjugado, a cometer erros e suscita comparações e competição com os outros. Quando se apressa, você está num estado de estresse e preocupação, talvez inclinado a fazer coisas como espalhar boatos mal-intencionados sobre outras pessoas ou botar chiclete na cadeira do concorrente. Em outras palavras, a pressa abaixa sua frequência. A urgência, por outro lado, o anima, dá-lhe energia, foco e iniciativa. Urgência tem a ver com *Acredito que a vida que eu desejo existe, agora, de modo que vou em frente e* carpe *o meu* diem. Fique ligado no seu Porquê, ignore o que estão dizendo, envolva-se com aquilo que o acelere, cultive a companhia de gente que bota para quebrar... Você já sabe como é.

- Cobre pelo que você vale. O dinheiro é uma energia que vem e vai, em permanente fluxo e refluxo. Quando você vende um produto ou serviço em troca de dinheiro, a pessoa que está pagando não fica de repente na falta. *Cara, nunca mais vai ver a cor desse dinheiro!* Ela poderá se beneficiar do que você ofereceu, e como você é incrível e forneceu algo de grande valor, o investimento feito eleva a frequência da pessoa, o que lhe permitirá abrir-se para receber coisas de alta frequência, inclusive mais dinheiro. O que quer que você ofereça — música, comicidade, roupas, atendimento médico, comida, serviços de gerenciamento, velas perfumadas —, tudo conta. Cobre pelo que você e os seus produtos valem. Não seja barato com os outros nem consigo mesmo. Não fique todo cheio de dedos. Entre no fluxo.

- Trate tudo e todo mundo com respeito e dê sempre o melhor de si, não importa o que acontecer. Uma oportunidade (ou quem sabe até uma pessoa) que pareça realmente simples e boboca pode abrir a porta para enormes possibilidades. O que você lança no mundo é refletido para você, de modo que, se quiser grandeza, exale grandeza. Além do mais, ser mesquinho, esnobe e arrogante não está com nada, logo, sabe como é, fique longe desse tipo de coisa.

HISTÓRIA DE SUCESSO: SE ELA PODE, EU TAMBÉM POSSO.

Linda, 50 anos, é dona de uma agência de marketing com faturamento anual de 1,5 milhão de dólares, e sua única educação formal foi em uma escola de cosmetologia:

Comecei minha carreira como cosmetóloga, e hoje sou especialista em direito de marketing. Tenho uma agência de marketing e faturamos anualmente 1,5 milhão de dólares em serviços. Eu sempre achei que teria sucesso, mesmo quando optei pela escola de cosmetologia, em vez da faculdade.

Meu lema pessoal é: "As limitações são impostas por nós mesmos." Uma das minhas melhores amigas faleceu quando tínhamos vinte e poucos anos. Eu tomei a decisão de não desperdiçar minha vida. Minha amiga não teria mais chances, e então decidi mergulhar nas coisas com total convicção. Trabalhava mais que todo mundo e fazia o que fosse necessário para realizar uma tarefa. No início, trabalhava dezesseis horas por dia sem pestanejar. Virava "sombra" dos gerentes sênior nos meus dias de folga para aprender mais. Acompanhava a negociação dos contratos e adquiri conhecimentos muito além da minha função e do meu nível salarial. Imaginava-me dirigindo as reuniões e batendo o martelo nos contratos. Não chegava a fazer meditações de visualização motivadora, essas coisas – mas me visualizava como uma profissional bem-sucedida.

Eu de fato era muito bem-sucedida como cabeleireira, mas sabia que não era o que eu queria fazer. Economizei para ter um fundo de reserva de alguns meses, enchi o carro de coisas e me mudei para uma distância de 2.500 quilômetros de onde morava. Todo mundo dizia que eu estava maluca. Essa mudança levou-me a um emprego de guia turística VIP nos Estúdios Universal. Eu tinha o prazer de passar o dia com incontáveis celebridades, executivos do cinema e diretores de empresas. E o engraçado é que eu não podia estar mais falida! Cuidar do cabelo dos outros remunerava muito melhor. Usei a posição como guia turística para identificar um departamento de marketing onde achava que podia me encaixar. Bum: Eventos Especiais... Na prática, eu dava festas para ganhar a vida. Com o tempo, meu salário foi aumentando regularmente.

Eu jamais tive dúvidas de que faria sucesso. A ideia do fracasso nunca passou pela minha cabeça. Simplesmente acredite e se disponha a trabalhar muito, mas muito MESMO, para superar os obstáculos. Se não acreditar que o sucesso é possível, não será. Eu desafiei todas as probabilidades. Advogados formados em Harvard perguntavam minha opinião. Às vezes acho graça comigo mesma: se eles soubessem que minha educação formal parou na escola de cosmetologia!

PARA ENRIQUECER

Sugestão de Mantra do Dinheiro (para dizer, escrever, sentir, apropriar-se):
Eu gosto de dinheiro porque ele me dá liberdade e alternativas, e é assim que gosto de levar a vida, com muita liberdade e alternativas.

1. Faça as contas. Tenha clareza em relação ao dinheiro que deseja ganhar e até quando (seja específico quanto à destinação do dinheiro e não esqueça de incluir o custo das necessidades mensais básicas). Certifique-se de que esse número seja real e ligado a coisas específicas que gerem emoções específicas. E então trate de cortá-lo: se a sua meta estiver a uma distância de cinco anos, reduza para um valor que seja capaz de ganhar em quatro anos, e depois em dois anos, e depois para o que necessita ganhar este ano, em seis meses etc., até chegar a este mês. Estabeleça então um plano bem definido, com passos claros levando na direção da sua meta.

- Nunca perca de vista o seu Porquê, para manter o leme quando as coisas começarem a balançar.

- Esteja sempre atento aos seus números. Se não alcançar sua meta financeira em determinada semana, acumule para a semana seguinte. Seus números DEVEM ser inegociáveis, caso contrário você nunca enriquecerá.

- Organize-se. Faça tudo nos prazos, em vez de ficar na esperança de que aconteça.

- Fique de olho em novas e assustadoras oportunidades capazes de levar à riqueza que você busca.

2. Estude. Aprenda o quanto puder sobre como ganhar mais dinheiro em qualquer negócio no qual esteja. Investigue o que estão fazendo outras pessoas no seu ramo de atividade, pes-

soas mais bem-sucedidas financeiramente que você, e trate de acompanhá-las.

3. Contrate um coach. Os melhores atletas olímpicos têm seus treinadores. Gente falida insiste em que é capaz de enriquecer sem ajuda de ninguém. Comece anotando os atributos específicos que espera de um coach, por exemplo, que se especialize em ajudar as pessoas a ganhar dinheiro, passou ele próprio pelos piores apertos financeiros e saiu vitorioso, mora perto e pode dar aulas presenciais, parece meio assustador, dá orientação individual etc. Tenha clareza sobre o tipo de pessoa que está buscando e o que é importante para você, e fique aberto para quem aparecer. Espalhe que está querendo contratar um coach, diga a todo mundo que conhece e não conhece que está procurando, busque coaches on-line, e, se alguém parecer interessante, entre para seu mailing, frequente seus seminários, leia seus livros, blogs, postagens nas redes sociais, depoimentos... Faça tudo que puder para encontrar o coach perfeito e confie em que, quando o aluno está pronto, o professor aparece.

4. Abra uma nova conta-poupança, uma conta investimento, prepare o ninho e abra os braços para dar as boas-vindas a todo o dinheiro que vem na sua direção.

Preencha o espaço em branco:
Sou grato pelo dinheiro porque _____.

CAPÍTULO 11

SUA RIQUEZA INTERNA

No início da década de 1980, Prince, que na época não era tão famoso, foi convidado a se apresentar num show antes dos Rolling Stones, que na época já eram reconhecidos. Foi um grande salto para ele, e imagino que tenha ficado superempolgado; mas, ao entrar no palco usando apenas uma capa de chuva e um mínimo biquíni preto, ele foi vaiado. Bem alto. E muito mesmo. Mas muito, tipo não pararam de vaiar até ele sair do palco. E também jogaram coisas nele. E xingaram.

No show seguinte dos Rolling Stones, Prince mais uma vez entrou saltando nas suas roupinhas diminutas e foi recebido com a mesma ruidosa falta de entusiasmo pelos fãs dos Stones. Só que dessa vez — ao deixar o palco em meio a um oceano de vaias e relinchos — ele tomou uma decisão. Não decidiu naquele exato momento, como prefeririam muitos, que talvez devesse passar a tarde seguinte comprando calças. Em vez disso, Prince decidiu: *Que se fodam esses idiotas, não é isso que eu sou nem o que eu quero.* Prince decidiu que, em vez de se conformar ao que todo mundo esperava dele e tentar agradar a pessoas que não apreciavam o que ele era, jamais, mas jamais mesmo entraria num palco de novo para preparar a entrada de alguém mais. Nem mesmo os benditos Rolling Stones.

Só posso concluir que devia haver mesmo uns colhões gigantes por baixo daquelas calcinhas pretas dele.

Sim, Prince foi uma das feras musicais mais talentosas que jamais passaram pelo planeta. E sabe o que mais? Você tem em si mesmo dons e talentos igualmente únicos e importantes. E tem obrigação de respeitar, cultivar e ostentar o que tem de único com o mesmo orgulho que Prince. Quanto mais sintonizado com seu incrível eu e apaixonado por ele, menos estará ligando para o que seus eventuais não fãs pensarem, mais fácil será exibir sua ostentação, encontrar seu prazer e ir em frente com a maravilha do dinheiro.

Isso porque enriquecer e conseguir transformar em realidade qualquer outro sonho seu depende de quem você está sendo: como anda pensando, falando, acreditando, imaginando, esforçando-se, percebendo o seu mundo — coisas que afetam sua maneira de agir. Quando você ama seu eu superior e se conecta profundamente a ele, descobre que sua insegurança de se sair mal no emprego ou seu medo de ficar sem dinheiro ou sua raiva com o tomate que acaba de bater na sua cara em pleno palco — nada disso é você. Essa enrolação toda é apenas onde você está.

Todo ser humano sempre haverá de enfrentar medos e desafios, e vai sentar perto de alguém que mastiga de boca aberta. Nós crescemos e aprendemos pelo atrito, até mesmo atrito com nós mesmos, de modo que não cabe a você tentar livrar sua vida de momentos desconfortáveis, desafios espinhosos ou longas e difíceis olhadas no espelho. Cabe, isso sim, dominar a arte de reagir, também conhecida como ser responsável e consciente dos próprios pensamentos e atos. Cabe-lhe dar um curto-circuito no instinto automático de reagir, que só serve para mantê-lo repetindo os mesmos velhos e cansados padrões de baixa frequência em torno dos quais você vem se arrastando ao longo da vida. Reagir sempre com os mesmos velhos impulsos é o motivo pelo qual as pessoas entram em dieta e perdem uma tonelada de peso para em seguida recuperá-la, a razão pela qual pessoas que ganham na loteria acabam um dia voltando ao ponto onde começaram financeiramente, o motivo pelo qual as decisões de ano-novo não chegam nem a ser uma lembrança em fevereiro. Se você muda apenas no exterior, agindo sobre as coisas fora de si mesmo (cortando a ingestão de pão de queijo), mas continua sendo a mesma pessoa por dentro, com a mesma atitude mental de falta e medo, tipo Se não me esconder por trás da minha muralha de gordura, serei visto, ficarei vulnerável e muito possivelmente serei rejeitado, *não vai evoluir.*

Dê um passo atrás por um momento e reconheça o fato de que está vivo. Houve um tempo antes de você estar vivo e haverá um tempo quando você não estiver mais vivo. Mas neste exato momento você participa do desenho animado inacreditavelmente glorioso chamado Vida na Terra. A força vital conhecida como Inteligência Universal flui através do seu corpo humano de carne e ossos, fazendo seu sangue bombar, sua mente pensar, seu coração desejar, sua intuição dizer-lhe que dê uma olhada atrás da torradeira quando já passou metade da tarde procurando as chaves do carro. Essa força que flui por você é a essência daquilo que você é, a sua maior frequência — você é Inteligência Universal em busca de expressão na Terra por meio daquilo que você é. Você é um trunfo valioso e insubstituível do Universo. Poderoso além de toda compreensão. Você é fera.

Não esqueçamos que dinheiro é moeda corrente, e moeda corrente é energia. Assim, quando sua energia está vibrando na frequência mais alta possível — a frequência do amor —, você é como um furacão desembestado de tudo que é mais incrível, jogando para cima, ao seu redor, tudo que é bom e rico, e deixando cair no mundo em benefício de todos com quem se relaciona. Se quiser enriquecer, entenda que pelo simples fato de ser você, já encontrou ouro.

Pegue uma xícara de chá de camomila, acenda uma vela de baunilha e vamos dar uma olhada em algumas das melhores maneiras de ir em frente com o seu lindo e maravilhoso eu, para que consiga começar a ganhar algum dinheiro por aqui.

MEDITAÇÃO

Sentar-se intencionalmente em silêncio é alimento para o seu coração e a sua alma. É como se sua mente passasse a maior parte do tempo num bar barulhento (o seu cérebro), onde todos gritam, berram e cantam com toda a força de seus pulmões bêbados. A meditação fecha o bar, bota todo mundo para fora e permite que seu eu superior entre em comunhão com a Inteligência Universal, para que eles possam se ouvir. Você é uma criatura de energia, e conectar-se com a Inteligência Universal o fortalece infinitamente, pois esse vínculo reforça sua conexão com seu verdadeiro eu, e não com aquele que criou ao longo de anos de pensamentos e crenças limitantes. A meditação permite-lhe ligar-se emocionalmente à verdade de que você é uma energia espiritual infinitamente poderosa, de que sua realidade vai muito além do que lhe dizem seus cinco sentidos, e de que você é fera. Você pode literalmente *senti-lo*. E quanto mais senti-lo, mais poderoso, feliz e rico se permitirá ser.

Até mesmo uma meditação de cinco minutos por dia pode fazer profunda diferença na sua vida. Se nunca o fez antes, você precisa apenas sentar, focar a atenção na respiração e, toda vez que vier um pensamento à mente, simplesmente voltar a focar na respiração. Fim. E lembre-se de que isso é chamado de prática de meditação por um motivo: é mesmo necessária muita prática para calar a boca do ruído.

••••••••••••••••••••••••••••••••••••••
Existe uma grandeza infinita dentro de você.
Deixe-a levar a melhor sobre seu besteirol.
••••••••••••••••••••••••••••••••••••••

AFIRMAÇÕES

O seu ambiente, especialmente as pessoas de que você se cerca, afetam muito a maneira como você vê a si mesmo e ao seu mundo. A pessoa com quem você passa mais tempo é a que mais o afeta. E a pessoa com quem você passa mais tempo é... Você. Logo, o que costuma dizer a si mesmo com frequência é *very important*. Todos os pensamentos, crenças e palavras que veio repetindo ao longo da vida, seja consciente ou inconscientemente, criaram a realidade na qual atualmente se encontra. Assim, se não está propriamente amando a realidade em que se encontra no momento, terá todo interesse em sair do lugar e alterar as coisas. Uma das melhores maneiras de reprogramar seu mindset é com afirmações. Preste atenção no que sai da sua boca e pipoca na sua mente durante a meditação, e, se for algo negativo, reescreva com outras palavras e pensamentos que transmitam um sentimento positivo, e diga essas novas palavras muitas e muitas e muitas e muitas e muitas vezes. Algumas opções (mas só se despertarem algum sentimento em você):

> O dinheiro flui para mim e de mim com facilidade. Eu adoro gastá-lo e adoro ganhá-lo.
>
> Dinheiro é o que não falta por aí.
>
> Dinheiro é liberdade, dinheiro é poder, dinheiro é o meu companheirão.
>
> Eu amo o dinheiro e o dinheiro me ama.
>
> O dinheiro que desejo já está aqui.
>
> Eu sou energia, dinheiro é energia, nós somos iguaizinhos, amigos do peito.

SEJA LEGAL

Tão simples, tão adorável e, no entanto, tão desafiador quando alguém está dirigindo abaixo do limite de velocidade na sua frente numa estrada de pista única. Entretanto, por mais satisfatório que possa parecer no momento, comportar-se como um cretino nunca o faz sentir-se bem, mesmo que o outro imbecil merecesse completamente sua atitude. Perder as estribeiras o faz sentir-se um lixo, e especialmente um lixo consigo mesmo. O mesmo se aplica a dizer coisas terríveis a seu próprio respeito — mesmo que seja para dar umas risadas, provocar... O que estou querendo dizer é que não é preciso, você é perfeitamente capaz de se ouvir, pois está *presente* em si mesmo. Se você adora essa coisa do humor autodepreciativo, pense como seria se alguém lhe fizesse as observações que você mesmo faz e verbaliza a seu respeito: *Não sei como é que pode, mas a comida simplesmente acha o caminho e vai entrando na sua boca, você está aí sentado e de repente, vejam só, está mastigando um tijolaço de queijo. Você é mesmo um idiota, só não perde a cabeça porque ela está presa no pescoço.* Nada legal, não é mesmo? Por que então seria legal se você dissesse essas coisas sobre si mesmo? Se não puder dizer algo legal, não diga nada. Vivemos num Universo energético; o que você coloca para fora retorna direto para você.

SEJA PACIENTE

A paciência é uma das características mais poderosas e mais desafiadoras a serem desenvolvidas no nosso mundo moderno. Quanto mais tecnologicamente avançados nos tornamos, mais furiosos ficamos quando temos de esperar. O tempo que for. Por qualquer coisa. Mesmo que sejam dois segundos. Outro dia, pus um resto de lasanha para esquentar por cerca de um minuto no micro-ondas, mas continuava fria. Botei então mais trinta segundos, mas ainda não estava bem quente. Tive de esperar nada menos que cinquenta e cinco segundos mais até que finalmente a coisa se resolvesse e o queijo começasse a derreter. Jurei naquele exato momento que trocaria de micro-ondas, pois era simplesmente ridículo, não devia levar tanto tempo para esquentar massa. Mas a verdade é que a gente sabe quem é ridículo realmente. Eu não só estava sendo ridícula como fiquei frustrada, com raiva e estressada, o que não apenas é uma posição muito baixa no totem da energia como leva a doenças físicas de verdade, se insistirmos nessa direção.

Ser paciente, em vez de ficar todo irritado e surtado, nos faz sentir muito melhor, pois abre espaço para curtirmos a vida quando estamos sempre às correrias. A paciência permite perceber a sensação do ar na pele, dar-se conta de que tantas pessoas nos amam, ter consciência de que este exato momento no tempo é um milagre que jamais haverá de se repetir. Você não conseguirá nada disso enquanto estiver se queixando do idiota da operadora de celular que o fez esperar trinta e cinco minutos. Praticar a paciência é uma das melhores maneiras de amar o seu fabuloso eu.

Nossa vida é feita de minúsculos momentos, e em cada um deles você está fazendo uma escolha que pode ser de energia alta ou baixa. Embora minha irritação com a massa fria possa parecer insignificante, o fato é que esses momentos vão se acumulando até gerar toda a realidade com que damos de cara neste exato momento. Aquilo que você faz em cada minúsculo momento é de grande importância. Feche a boca, diminua o ritmo, respire, conecte-se com seu eu superior e aja com deliberação. Você cria mais daquilo em que foca a atenção, e quanto mais pensamentos minúsculos de alta frequência tiver, mais experiências de alta frequência trará para a sua vida.

FORTALEÇA A CONFIANÇA

Em algum momento, fomos ensinados a acreditar que as coisas vão muito mal no departamento da confiança se já não nascemos com ela. Vemos entrar numa festa alguém que não conhece ninguém ali e já chega soltando piadas, pedindo que alguém vá buscar uma bebida, passando conversa nas mulheres, encostando-se na parede com um tornozelo displicente e confiantemente cruzado sobre o outro. Olhamos para o sujeito tipo *Eu jamais em tempo algum poderia ser assim. Mas quem esse cara PENSA que é?*. Mas o fato é que você podia perfeitamente ser assim, se quisesse. Todos nascemos confiantes, só que em alguns casos nos perdemos no caminho e ficamos soterrados por questões como autodepreciação e não querer ser como o papai arrogante e exibicionista que nos ignorava completamente. Ou então berravam conosco toda vez que levantávamos a voz e botávamos as manguinhas de fora, de modo que decidimos que era mais seguro nos recolher à sombra. Como qualquer outra parte de sua atitude mental, a confiança é um músculo. Portanto, se quiser fortalecer o músculo da sua confiança, precisará apenas exercitá-lo. Aqui vão meus três amplificadores de confiança favoritos:

1. Faça de conta com seu corpo. É incrível como somos crédulos. Assim como o estresse pode adoecer seu corpo, às vezes mortalmente, o seu corpo também pode enganar sua mente, fazendo-a acreditar em certas coisas. Por isso é que, se quiser sentir-se mais confiante, e conferir ao corpo uma atitude como se estivesse confiante, você vai sentir-se mais confiante. Ponha-se de pé ereto, respire profundamente, sorria, caminhe empertigado, mantenha a cabeça erguida, aperte mãos com firmeza... Comece com o corpo, e a mente irá atrás.

2. Faça, simplesmente. Quando minha sobrinha tinha cerca de quinze anos, queria visitar-me em Venice Beach, o que sig-

nificava que tinha de pegar um avião sozinha em Nova York para atravessar o país. Estava apavorada com a perspectiva de ter de se virar sozinha em dois enormes aeroportos, mas sua mãe e eu dissemos que ela não estaria sozinha em momento algum. Seria acompanhada até o portão de embarque pela mãe, e, por ser menor, um funcionário prestativo da companhia aérea a levaria até o avião e a entregaria pessoalmente a mim do outro lado. Mais fácil, impossível.

Ela então se sente um pouco melhor, e, no grande dia, quando as duas se dirigem ao aeroporto, ficam presas num engarrafamento monstruoso. A coisa adquire tais proporções que, ao chegarem ao aeroporto, não há tempo para estacionar, e minha cunhada encosta no meio-fio, empurra minha sobrinha para fora do carro e grita *Corre! Vai perder o voo! Corre!*. A menina então pega suas coisas, sai correndo em pânico, consegue encontrar alguém da companhia aérea e entra no avião.

Jamais esquecerei o momento em que a vi sair pelo portão de chegada no aeroporto de Los Angeles, cabeça erguida, mais alta alguns centímetros, puxando a mala como se pudesse fazê-la girar e dar com ela em você para então roubar o seu carro, se quisesse. *Eu simplesmente fui abrindo caminho no aeroporto em Nova York: Seus animais. Saiam. Da. Minha. Frente.* Quando quer fazer alguma coisa, há uma parte em você, bem lá no fundo, que sabe que é capaz, caso contrário não perderia seu tempo pensando nisso. Não espere até ter confiança – é como esperar até perder aqueles dois quilos a mais para se permitir viajar de férias –, simplesmente faça. Quanto mais se forçar a fazer as coisas de que tem medo, mais forte haverá de se tornar o seu músculo da confiança.

3. Lembre-se de que você já tem tudo. Você é um ser espiritual andando pela Terra num corpo físico. Seus desejos lhe foram

dados quando você apareceu em forma humana, e esses desejos são basicamente a Inteligência Universal buscando se expressar por meio de você. Está aqui para fazer tudo que não se sinta muito confiante em fazer. Seus desejos são seus Comandos de Ação Universais, e não pode haver um resultado errado. Se puder envolver com sua mente aquilo que você realmente é (dica: medite), trate de realmente envolver com sua mente o fato de que você é Energia Universal, pense nisso com frequência e assim entenderá por que é algo tão sensacional.

AJUDE OS OUTROS

Quanto mais oferecer, mais você receberá. Não existe frequência comparável à de um doador. Está bem lá no alto junto com a frequência do amante. Servir aos outros com seus dons — postar num blog uma mensagem ajudando alguém a se recuperar de uma dor de cotovelo, ensinar uma criança a ler, fazer uma torta de morango que deixa alguém ensandecido — é como se dar um enorme presente. Até as menores coisas contam, como mostrar o caminho a alguém na rua, ter bons pensamentos a respeito de alguém (alguns pontos a mais se for uma pessoa que o enfureceu), pegar algo que alguém deixou cair na rua e lhe entregar, dizer aquelas cinco palavrinhas que todo mundo quer ouvir: Quer as minhas batatas fritas? A energia de alta frequência que emana de nós quando doamos sempre volta para nós. Pode ou não retornar pela pessoa a quem demos, mas pode estar certo de que absolutamente sempre volta de alguma maneira. Estamos aqui para compartilhar, pode acreditar, e é por isso que a ganância não dá felicidade a ninguém. Ganância inspira mais ganância — é um método distorcido de tentar atender a um anseio que só pode ser atendido dando, e não tomando. Se quiser ser feliz, faça os outros felizes.

RELAXE

Quando você assume uma atitude cretina, geralmente é porque quer atenção, ser ouvido, deseja que as outras pessoas levem em conta em primeiro lugar as suas necessidades: Fui prejudicado! Aquele sujeito me cortou! Assim não dá! Não é justo! Tenham pena de mim! Sintam a minha dor! Quando opta pela liberdade e a felicidade, em vez de querer ter razão e ser notado, você sai vencedor. Saia do modo vítima, lembre-se de que todo mundo está tão obcecado consigo mesmo e com seus sentimentos quanto você, e pare de levar tudo para o lado pessoal.

COMEMORE

Se conseguir um novo cliente, se juntar coragem para convidar alguém para sair, se conseguir o emprego, a casa, aquele último biscoito, comemore. Estamos sempre tão ocupados que raramente nos damos ao trabalho de reconhecer como somos incríveis. Enquanto isso, você cria mais daquilo em que foca a atenção, a gratidão agradece, ser safo torna safo. Não esqueça de sentir bem toda a grandeza que você traz ao mundo, seja grato por ela e mova mundos e fundos em função dela, e assim estará criando condições de trazer ainda mais.

PERDOE

Quanta energia não perdemos arrastando por aí o saco de areia molhada da culpa e do ressentimento! É realmente uma das maiores perdas de tempo, e, no entanto, uma das atividades humanas favoritas de todos os tempos. O passado tão cedo não vai mudar, e ficar irritado consigo mesmo ou com alguém por algo que já foi feito e ficou para trás é como se recusar a jogar o lixo fora. Você vai carregando aquilo à medida que se torna mais e mais fedorento, o enxame de moscas ao seu redor vai ficando cada vez mais espesso e tudo aquilo que você deseja — felicidade, paz, libertar-se da eterna repetição das experiências sórdidas de que se recusa a afastar a atenção — vai fugir de você e continuará fugindo até você se livrar do lixo.

•••••••••••••••••••••••••••••••••••••••
Imperfeito = eu sou perfeito. Você é humano.
Vai errar mesmo. Outros seres humanos vão
errar. Deixa pra lá.
•••••••••••••••••••••••••••••••••••••••

Tendemos a nos apegar ao ressentimento por achar que o mentecapto que nos prejudicou não merece perdão. Enquanto isso, a única pessoa que está sendo punida pelo seu ressentimento é você mesmo. O perdão é uma questão de se sentir merecedor de paz, e não necessariamente de os outros merecerem o seu perdão. Você está permitindo que pensamentos ruins sobre coisas ruins ocupem valioso espaço na sua mente. Se ama a si mesmo, vai acabar com essa tortura e deixar para lá.

A compaixão é a chave do perdão. Agimos como cretinos porque estamos na dor e no medo, e não porque queremos acabar com o mundo. Trapaceamos com as pessoas que amamos e zombamos dos outros por insegurança. Ignoramos os outros, chegamos atrasados, lemos mensagens de texto enquanto uma amiga nos conta como está empolgada com o novo namorado, porque somos inconscientes, não estamos nem aí, não queremos nos comprometer ou estar presentes na vida por medo de fracassar ou não ser amado, ou qualquer que seja a carga que estamos arrastando bem lá no fundo. Todo mundo é um cretino e todo mundo é incrível, somos tudo ao mesmo tempo. Quando agimos inconscientemente, e não no nosso nível mais alto, é porque estamos envoltos na dor e no medo. Todo mundo está enfrentando suas batalhas internas.

Não defina a si mesmo nem às outras pessoas pelo parâmetro dos comportamentos nem tão bons assim. É a dor falando, e você é perfeitamente capaz de sentir compaixão por uma pessoa com dor. Se quiser ser livre, faça a escolha de perdoar.

Existe uma mulher chamada Louise Hay que pode ser considerada a madrinha da autoajuda. Ela começou escrevendo um livro sobre o que aprendeu quando se curou de um câncer cervical "incurável" graças ao perdão, a afirmações, visualizações, nutrição e outros recursos alternativos, em vez de cirurgia e remédios. Ela achava que estava presa ao ressentimento por ter sido maltratada e estuprada na infância, e chegou à conclusão de que, se era capaz de optar por se agarrar a ele, também podia escolher deixar para trás. Em seis meses estava curada, e passou a ajudar incontáveis pessoas a se curar de todos os tipos de doenças pela poderosa prática do amor próprio.

Ser pobres e permanecer falidos são doenças que provocamos com nossa atitude mental, e é por isso que, quando fazemos a escolha consciente de focar no que é verdadeiro para nós e no que nos faz sentir bem, em vez dos motivos pelos quais não podemos nem devemos enriquecer, somos capazes de nos curar.

•••
Amor-próprio significa fazer coisas que
nos fazem sentir bem.
•••

Sei que parece óbvio, mas pense nas inúmeras vezes em que fazemos coisas que não nos deixam tão bem — é o que fazemos o tempo todo! Ficamos nos dizendo que não podemos ter o que queremos porque é muito arriscado, não temos experiência, aquela pessoa está muito acima de nós, bebemos demais, casamos com imbecis, ficamos em empregos que detestamos... Eu podia continuar por mais quarenta e cinco páginas. O que estou querendo dizer é: torne-se mais consciente do que o faz sentir-se bem, e vá fazer exatamente isso. Verifique sempre seus sentimentos antes de fazer ou dizer alguma coisa. Pratique reagir às situações em função da maneira como o fazem sentir-se, em vez de reagir com base em velhos medos e crenças. Preste atenção em si mesmo, no seu incrível, adorável e imperfeito eu, e faça um esforço consciente de se dar o que precisa, inclusive todas as riquezas que deseja. E assim vai amar a si mesmo.

PARA ENRIQUECER

Sugestão de Mantra do Dinheiro (para dizer, escrever, sentir, apropriar-se):
Eu gosto do dinheiro porque ele me permite ser eu mesmo o máximo possível.

1. Medite pelo menos cinco minutos por dia. Não há necessidade de fazer perguntas previamente, simplesmente sente em silêncio e se conecte.

2. Use as afirmações sugeridas neste capítulo, ou as favoritas que você mesmo desenvolveu ao trabalhar com este livro, e se fixe em três que especificamente ajudem a melhorar seu apreço por si mesmo e pelo dinheiro. Escreva-as toda manhã e toda noite, diga-as o dia inteiro, leve-as com você aonde quer que vá e trate de senti-las.

3. Dê uma distraída na rotina diariamente para fazer pelo menos três coisas legais com outras pessoas. Por outro lado, quando perceber que está prestes a fazer algo nem tão legal assim, respire, faça uma pausa e faça uma escolha diferente.

4. Pratique a paciência. Perceba quando está ficando irritado ou de mau humor e lembre-se: você não pode apressar o Universo. Não tente fazer a flor desabrochar à força. Tudo flo-

resce de acordo com o plano. Respire, relaxe, siga em frente e se anime.

5. Caminhe ereto, sente-se direito, pratique usar o corpo para se tornar mais confiante.

6. Entre na internet em busca do seguinte texto: *Our Deepest Fear* [Nosso medo mais profundo], de Marianne Williamson. Imprima uma cópia, cole-a na sua geladeira e leia sempre que possível.

Preencha o espaço em branco:
Sou grato pelo dinheiro porque _____.

CAPÍTULO 12

TENACIDADE

Eu era vizinha de uma mulher que trabalhava com finanças e decidiu abrir um negócio próprio de gestão de investimentos. Ela deu um enorme salto de fé e investiu as economias da vida inteira para montar o negócio, pois, ao contrário da maioria das pessoas que começam empreendimentos como o dela, não tinha um patrocinador rico nem montes de dinheiro para torrar. Precisou mesmo meter a mão na carteira e raspar até o último centavo. Na semana em que abriu a empresa, tinha dois filhos de fraldas, um dos quais estava no hospital. E, como o Universo é hilariante, também fora convocada pela justiça para fazer parte de um júri.

Some-se a tudo isso o fato de que ela trabalhava no meio financeiro — um ramo de atividade no qual não se veem assim tantas saias. Não era desafiador apenas ser mulher, mas também ser peixe miúdo — ela me contou que, bem no início, quando ainda buscava seus primeiros investidores, estava falando ao telefone com um cliente potencial que examinou o que ela havia investido até então (as economias de uma vida inteira) e perguntou: "Mas você só tem isso?" Ele dispensou seus serviços, ela desligou, caiu em prantos, completamente humilhada, e começou a surtar, sem saber se seria ou não capaz de levar aquilo adiante, proporcionar tudo que precisava proporcionar à família, ter a liberdade de trabalhar por conta própria e não perder cada centavo que tinha.

Costumava vê-la passar pela rua com ar atordoado, branca feito massa de panqueca, parecendo mais magra a cada vez, um verdadeiro fantasma. Perguntava como iam as coisas e ela sempre respondia: "Me aguentando!" Mas a pergunta que eu realmente queria fazer era se podia oferecer-lhe um sanduíche de carne — estava mesmo preocupada com ela. Dava para ver que estava pagando um preço alto pelo estresse, e quando me mudei ela ainda vagava pelas ruas à espera de que seu negócio fosse em frente ou afundasse, ainda sem conseguir muito bem levantar voo.

Conversei com ela cerca de um ano depois e fiquei emocionada de ver que recobrara a capacidade de falar com frases inteiras num tom mais alto que um mero sussurro, e que seu negócio — depois de se equilibrar à beira do abismo durante quase um ano — estava arrebentando a boca do balão. Hoje, a Zumbi da Casa ao Lado multiplicou em aproximadamente vinte vezes sua renda líquida. Vinte vezes! Só trabalha com gente de que gosta, cuida muito bem da família e jamais teria chegado a este ponto se não tivesse persistido. E inventado o pretexto perfeito para se livrar do júri.

Aqui vão algumas fundamentais indicações da atitude mental que ela adotou e que a ajudaram a dar o salto, e manter-se no rumo, enquanto percorria o Vale da Sombra naquele primeiro ano:

Ela se agarrou firme ao seu Porquê. Ela queria dinheiro e sucesso pela liberdade que lhe proporcionavam, para cuidar da família e provar a si mesma que era capaz. Por outro lado, não ficava assim tão fora de si com a perspectiva de perder as economias da vida inteira se o negócio afundasse.

Passou a frequentar a academia espiritual. Lia constantemente livros de outros empresários, pregava nas paredes imagens de mulheres que tinham realizado feitos, como dirigir restaurantes bem-sucedidos em zonas de guerra, decorava poemas, meditava e constantemente se lembrava de que a incerteza faz parte do processo. Todo mundo precisa saltar no desconhecido para chegar ao próximo nível — e ela não fazia disso nenhum drama.

Fez o dever de casa. Estudou as práticas e métodos do seu ramo de atividade, as pessoas com as quais gostaria de trabalhar, e aprendeu maneiras criativas de vender, encontrando terrenos comuns entre ela mesma e possíveis clientes que "não fossem para o seu bico". Quando conseguiu seu segundo grande investidor valendo-se dos seus novos talentos de vendedora, o negócio começou a decolar.

Arrumou um mentor. Estávamos em 2008, todas aquelas empresas enormes quebravam ao seu redor, e ela chegou a um ponto em que não achava mais que fosse capaz de aguentar, de modo que foi em busca de um mentor, que lhe deu um excelente conselho: disse-lhe que continuasse surfando. Que vivesse um dia depois do outro, pois ninguém ganha se você desistir — vai parecer bom no momento, e pronto, acabou. Se os seus investidores quiserem demiti-la, que o façam, mas não se demita você mesma. Jamais desista.

A principal coisa à qual os ricos atribuem seu sucesso é a tenacidade. Ninguém alcança grande sucesso sem atravessar o fogo. E a diferença entre os que têm êxito e os que fracassam é um compromisso pragmático e inabalável de se manter no caminho como quer que ande o fogo. Quase sempre há um momento em que se parece ter chegado ao inferno — você perde um cliente essencial, o seu depósito pega fogo, a Starbucks abre uma loja bem em frente à sua cafeteria recém-inaugurada —, e nesses momentos você tem duas alternativas: pode dizer *Que se dane, vou sair dessa*, ou então *Pode vir quente que eu estou fervendo!*. Quando a dor é quase insuportável, se o seu mindset estiver fraco, você vai desistir e botar a culpa pelo seu fracasso em alguma coisa ou alguém. Se tiver um mindset sólido, vai perseverar. Aqui vão algumas maneiras fundamentais de seguir em frente por pior que andem as coisas:

SEJA FORTE PRA VALER

Entrei numa aventura de rafting, descendo de bote inflável as corredeiras do rio Colorado, e depois tive de fazer com uma amiga uma longa caminhada desde a base do Grand Canyon para voltar ao meu carro. Acabamos deixando o rio um pouco mais tarde do que esperávamos, e assim tivemos de rebocar as respectivas carcaças oito horas a pé aclive acima sem parar, pela lateral do desfiladeiro, para conseguir chegar antes do pôr do sol. Ainda no bote, tinha visões de uma subida agradável, parando de vez em quando para dar uma mergulhada no regato que corria ao lado, nas primeiras horas da ascensão, tirando *selfies* para mostrar a todo mundo que eu tinha escalado a mãe de todos os desfiladeiros e, sobretudo, repousando. Muito. Eu andava muito longe do que se poderia considerar em forma, e assim, quando finalmente nos aproximamos do alto do Grand Canyon, estava com os joelhos trêmulos, exausta e não totalmente certa de que seria capaz de percorrer o meio quilômetro que faltava sem passar vergonha. Lembro perfeitamente que, enquanto implorava ao meu corpo que aguentasse firme enquanto eu entoava meu mantra, *Quase chegando, quase chegando*, ouvi minha amiga berrando uma palavra que eu sabia ter entendido, mas cuja ficha não caiu imediatamente. Voltei-me na direção dela e vi que apontava para o alto da colina, mostrando que o ônibus acabara de chegar. O ônibus que nos levaria de volta ao nosso carro, estacionado a quilômetros de distância. O ônibus que só passava de quarenta e cinco em quarenta e cinco minutos. Foi quando me dei conta de que a palavra que ela berrava era *Corra!*.

Se, momentos antes disso, alguém aparecesse de repente na trilha com uma prancheta de pesquisa de opinião perguntando se seria possível eu sair correndo naquele exato instante, minha resposta teria sido absolutamente não, e não apenas por eu achar que não conseguiria, mas porque seria fisicamente impossível mesmo. Mas se a pessoa da pesquisa prometesse que, caso eu conseguisse sair correndo por algum milagre, seria recompensada com um lugar para sentar, um cheeseburger, uma cerveja e o primeiro chuveiro ao meu alcance em mais de uma semana, minha resposta teria sido diferente. Assim, visualizando o fato de NÃO ficar sentada num banco no escuro durante quarenta e cinco minutos, suada, imunda, faminta, morrendo por um tubo de creme hidratante, eu fiz o impossível, saí correndo pelo resto do caminho acima e cheguei ao ônibus.

Todos nós temos lugares onde costumamos dar uma parada — um certo limite em que alguma coisa fica íntima demais, ou cara demais, ou próxima demais do sucesso para nos sentirmos exatamente à vontade. Ultrapassar esse limite é precisamente o que devemos fazer para sair da zona de conforto e transformar nossa vida, e por isso é tão aterrorizante, e o nosso subconsciente convoca toda a cavalaria e toda a infantaria do rei para se certificar de que saiamos correndo, fugindo a toda velocidade! Em geral esquecemos completamente dessa parada, e temos uma vida inteira de acúmulo de excelentes desculpas para dar para trás diante da grandeza, coisas do tipo *Não tenho medo de investir em mim mesmo, mas isso está muito acima das minhas possibilidades* ou *Acabo de me dar conta de que não quero realmente escrever este livro no qual venho trabalhando há anos e que já está quase concluído, quero escrever outro livro.* Se você tomou a decisão de ganhar dinheiro de um jeito que jamais ganhou, é fundamental dinamitar esse limite do terror. Fique então de olho no impulso de se retirar, entenda que chegou à porta mágica que dá para o outro lado, foque nessa verdade e não no desejo de cair na cama e ficar lendo revistas e se projete do outro lado.

CORRA O RISCO DE DESAGRADAR

Gente bem-sucedida é obstinada, o que significa que preserva a fé por muito mais tempo que a média das pessoas. Por isso, as pessoas tendem em média, antes de também ter sucesso, a encarar aqueles que têm sucesso como loucos, ridículos, vamos parar com essa história, por favor? As pessoas bem-sucedidas precisam agarrar-se a sua visão, enquanto todo mundo ao redor grita coisas do tipo (se você for, digamos, Thomas Edison): *Quem você pensa que é, algum mágico? Jamais vai conseguir que essa bobagem aí acenda sozinha. Vai arrumar um emprego!*

Lembro-me de ter visto uma das manifestações mais impressionantes de obstinação num voo, quando esperava, certa vez, que meu avião decolasse. Entrou uma mulher esbaforida com os dois filhos no exato momento em que as portas eram fechadas, com aquele aspecto suado, descabelado e de olhos arregalados bem característicos de dois tipos de pessoas: gente fora de esquadro e fora de forma que conseguiu chegar a tempo de pegar um voo em cima da hora e gente que acaba de matar alguém. E lá estamos nós, público cativo preso às suas cadeiras, vendo-a tentar encontrar lugar para a bagagem nos compartimentos superiores, botando os filhos para sentar nos seus lugares e pedindo desculpas ao avião inteiro pelo atraso. Era evidente que ela também havia comprado as passagens à última hora, pois os três não estavam sentados juntos, todos tinham assentos no meio, um em frente ao outro, o que dificultou ainda mais que ela finalmente conseguisse botar todo mundo no seu lugar.

Mas a verdadeira dificuldade da mulher era com o filho mais velho, que se recusava a sentar no seu lugar. Ele tinha cerca de nove anos, e enquanto o irmão menor tentava se acomodar, comunicou tranquilamente à mãe que queria um lugar na janela. Ela respondeu dizendo algo no sentido de que ele não tivera sorte e precisava sentar imediatamente, ao que ele retrucou não menos tranquilamente: "Não, vou sentar na janela", e ela rugiu "Senta!", e ele, "Não", enquanto ela lançava outro olhar de desculpas para o resto do povo. Eu estou sentada no meu lugar à janela, vendo tudo isso e tentando resolver se devo ceder meu assento e acabar com a tortura, fazer uma preleção para o menino ou contratá-lo como meu coach. Jamais vira tão inabalável e calma determinação diante de perigo tão grande — um avião inteiro cheio de adultos enfurecidos. E o menino, sem parecer endiabrado nem dar um ataque de pelanca, manteve-se firme até que o sujeito à minha frente se levantou e trocou de assento com ele. O desejo da meta e a visão que dela tinha foram mais fortes que quaisquer alternativas, afastando-as completamente do seu horizonte: humilhação em público, agressões verbais de outros adultos que não a mãe, proibição de chegar perto de qualquer tela eletrônica pelo resto da vida. Ele tinha absoluta determinação de ignorar solenemente um dos maiores obstáculos para o sucesso enfrentados pela humanidade: a necessidade de ser gostado e se adequar. Se você planeja deixar de ser pobre e ficar rico, também terá de se aferrar a suas resoluções e correr o risco de desagradar. Não pode fazer essa enorme transformação na sua vida e esperar que nada ao seu redor mude, especialmente suas relações com outras pessoas. Quando alguém muda, incomoda os outros, perde amigos e talvez até provoque desentendimentos com parentes, de modo que o seu desejo de se tornar aquela pessoa que está destinado a ser precisa ser colocado firmemente no seu horizonte o tempo todo — assim como os detalhes da vida que está criando para si mesmo e os sentimentos a ela associados, para ter coragem de se manter no rumo. Confie em que está destinado a realizar seus desejos e saiba que, embora continue amando as pessoas que virão a se afastar no caminho, vai atrair outras que estão na mesma frequência que você.

IGNORE OS DIABINHOS

Quando você toma a decisão sensata e pragmática de mudar a vida e enriquecer, o seu subconsciente não só joga na sua cara seus piores medos como faz desfilarem o que eu costumo chamar de diabinhos. Os diabinhos são tentações irresistíveis, talhadas sob medida pelo seu Pequeno Príncipe para tirá-lo do caminho e devolvê-lo à zona de conforto.

Tenho uma cliente que decidiu largar o emprego na área de relações públicas e abrir sua empresa. Estava empolgadíssima com a ideia de se tornar sua própria patroa, fazer seu horário e ganhar tanto dinheiro quanto quisesse. Ela mora numa cidade pequena onde não são tão grandes assim as possibilidades de novos clientes, e menores ainda as de boas perspectivas de emprego, e uma semana depois de deixar o que tinha ela recebeu uma oferta de trabalho de uma das únicas outras empresas locais de relações públicas. Era um convite dos mais tentadores, e uma parte dela ficou apavorada com a ideia de que, se o recusasse, passando a trabalhar por conta própria, não conseguiria clientes suficientes para sobreviver, quanto mais prosperar. Mas ela ficou firme, disse não ao emprego e *no dia seguinte* recebeu sete, não estou exagerando, sete telefonemas de pessoas que queriam contratá-la como agente de relações públicas.

A Inteligência Universal deu-lhe os seus desejos com o objetivo de que os realizasse. Quando você alinha sua energia, seus atos e sua atitude mental no sentido de concretizá-los, o Universo entra no barco. Quando você decide ficar rico, precisa focar com a precisão de um raio laser no seu propósito e nas suas razões emocionais de ganhar dinheiro, pois é apenas uma questão de quando, e não se, as coisas, as pessoas e os acontecimentos virão tentar desviá-lo da sua meta. O sucesso nos leva a deixarmos passar os diabinhos para agarrarmos as oportunidades que estão fazendo fila atrás deles.

CRIE HÁBITOS DE SUCESSO

Quando pensamos em hábitos, em geral pensamos em coisas como roer as unhas, fumar, xingar, enrolar o cabelo, levantar cedo para passear com o cachorro, gritar ao falar no celular etc. Mas o fato é que os hábitos constituem a maioria dos nossos comportamentos: a preguiça é um hábito, sentir-se assoberbado é um hábito, atrasar-se é um hábito, fracassar é um hábito, ter sucesso é um hábito, ser paciente é um hábito, fofocar é um hábito, ganhar dinheiro é um hábito, ser falido é um hábito. Como o hábito é qualquer comportamento que você faça automática e repetidamente sem de fato pensar a respeito, a maioria das coisas que fazemos entra nessa categoria, pois a maioria de nós não pensa tanto assim. Como vimos, geralmente estamos num estado de repetição das nossas crenças subconscientes. Uma vez que nos tornemos conscientes e decidamos, em vez disso, reagir de maneira consciente, podemos alterar nossos hábitos, o que vai alterar nossa realidade.

Já passamos aqui muito tempo trabalhando na mudança dos seus hábitos de pensar, crer e falar, e, como os hábitos são muito importantes, quero dar-lhe mais algumas dicas. Primeiro, porém, aqui vão alguns hábitos que você terá todo interesse em desenvolver, se ainda não o fez. São alguns dos hábitos mais comuns das pessoas de sucesso. As pessoas bem-sucedidas:

Assumem riscos

Ficam firmes em suas decisões

Estabelecem bons limites

Retribuem

Trabalham com inteligência

Frequentam a academia espiritual (leem livros de autoajuda, fazem exercícios, meditam, trabalham com grupos de troca e crescimento pessoal e profissional etc.)

Delegam

Aprendem constantemente

Mantêm a disciplina

Focam

Exercitam a paciência

Cercam-se de gente de pulso

Falam de ideias, e não de outras pessoas

Conseguem respaldo, em vez de desistir

São pontuais

Sabem o que acontece ao seu redor

Sabem o que acontece com seu dinheiro

Todas estas são coisas de que vimos falando, mas é importante ter consciência do fato de que todas essas coisas são hábitos. De modo que, se você tem maus hábitos que o estão impedindo de desenvolver esses bons hábitos, faça um esforço consciente de alterar seu fluxo e adotar novos costumes. Aqui vão algumas das minhas dicas favoritas nesse sentido:

1. Tolerância zero com negociações. Talvez a minha melhor dica quando se trata de formar novos hábitos seja afastar-se do processo de negociação. Digamos que você decidiu adquirir o hábito de fazer diariamente cinco visitas de vendas antes do almoço. Quando está para fazer a ligação telefônica, surge na sua cabeça a ideia de dar mais uma olhada no Facebook para ver se alguém comentou a foto da sua avó de roupa de banho. No momento em que a ideia aparece, você identifica do que se trata: uma negociação para que se afaste da sua meta. "Vou só dar uma olhadinha de um segundo no Facebook." Ou então, caso esteja parando de beber, poderia ser: "Talvez eu possa dar só uma bebericada." Ou ainda, se estiver meditando: "Acho que vou parar antes de o despertador tocar. De qualquer maneira, acho que já estou

acabando mesmo." É desses pequenos momentos, dessas decisões de uma fração de segundo, que depende o seu sucesso financeiro. Não só esses momentos vão se somando, como cada um deles configura uma fenda na sua determinação, pela qual podem infiltrar-se outras desculpas, que vão mesmo se introduzir. Aqui vai um pequeno roteiro para firmar bem solidamente a decisão de não negociar:

a. Identifique-se com o novo hábito. Eu sou uma pessoa bem-sucedida que faz o que tem de fazer, e não alguém que fica perdendo tempo no Facebook. Ele não chega a ser nem uma piscadela no meu radar. Eu não bebo, logo, por que haveria de considerar a hipótese de dar uma bebericada, como aliás nem penso em cheirar cola? Eu não cheiro cola nem bebo. Ponto final.

b. Conheça bem as suas negociações. A gente tende a não ser incrivelmente criativa ou variada quando tenta se convencer a deixar de fazer as coisas que são boas para a gente. Tendemos a repetir sempre o mesmo script – em time que está ganhando não se mexe –, de modo que deve ser fácil reconhecer o seu método mais eficiente e calejado de estragar tudo. Fique bem atento, e no instante em que surgir a sua desculpa favorita – *Um cigarro só não vai me matar* ou *Vou só tirar uma soneca de uns minutos* –, reconheça a negociação e não leve a sério nem por uma fração de segundo, pois a partir do momento em que começar um diálogo com ela, estará ferrado. Simplesmente vá em frente como se ela nem tivesse aparecido.

2. Associe seu novo hábito a outro hábito ou comportamento. São tantos os nossos hábitos que andam de mãos dadas – beber e fumar, exercitar-se e comer bem, mentir, trapacear e roubar – que se você estiver tentando criar um novo hábito, poderá ser de grande ajuda associá-lo a um hábito ou

comportamento já existente. Digamos que você queira adquirir o hábito de ser mais focado. Poderia juntar isso com a prática de desligar o seu celular e deixá-lo de lado. O ato físico de tomar essas providências em relação ao telefone vai desencadear o lembrete mental de focar no que você tem de fazer. Ou, então, digamos que você queira adquirir o hábito de assumir riscos. Talvez possa escolher uma espécie de canção-tema que comece a tocar na sua cabeça toda vez que estiver para dar um salto e fazer algo assustador. Ou o som de uma multidão aplaudindo. Ou o som de fogos de artifício. Ou quem sabe comece a associar o café da manhã com o ato de sentar para ler o livro de motivação que esteja lendo. Crie um sistema de acolhimento para o seu novo hábito.

3. Fortaleça a força de vontade. Além de permanecer emocionalmente apegado ao Porquê da sua meta, há outras maneiras de fortalecer o músculo da força de vontade:

   a. Preveja o desconforto. Sabendo que dobrar as suas tarifas vai parecer estranho e assustador, vivencie bem esses sentimentos antes de apresentar a nova conta aos clientes. Permaneça no desconforto, acostume-se a ele, entenda que é apenas parte do processo e não vá criar nenhum drama. Ligue o seu desconforto ao fato de ser incrível ir em frente e botar pra quebrar, e não a alguma coisa apavorante que possa detê-lo.

   b. Encontre um parceiro para prestar contas. É tão mais provável que a gente chegue na hora, esteja preparado e vestindo algo diferente de um roupão de banho quando outras pessoas estão envolvidas! Encontre alguém que esteja trabalhando para se tornar fera como você e o convide a ser aquele parceiro ao qual vai prestar contas. Semanalmente um dirá ao outro quais são as suas metas, cuidando ambos de verificar periodicamente que continuam no bom rumo. E lembre-se: é preciso ser cruel para ser legal, portanto, se o seu companheiro disser que vai fazer algo, não permita que saia da linha, e peça que ele faça o mesmo com você.

c. Encare o resultado final com vertiginosa emoção e lágrimas nos olhos. Antes mesmo de começar o que tem a fazer, fique totalmente empolgado não só por ter feito, mas por ter arrebentado a boca do balão. Sinta primeiro o alívio, a alegria, a satisfação de ser fera, e então ponha mãos à obra.

CORREÇÃO DE RUMO

Muitos anos atrás, em visita a uma amiga em Milwaukee, fomos a uma fábrica de cerveja, Miller Brewing Company. Percorrendo as instalações, degustando amostras de cerveja em copos de plástico, tomei conhecimento de algo que não sabia e que me inspirou um novo respeito pela rainha das cervejas. Cerca de sessenta anos depois da fundação da Miller Brewing, o gigantesco desmancha-prazeres da Lei Seca varreu o país, acabando com incontáveis festas e arruinando centenas de cervejarias. Mas não a Miller. Em vez de entrar numa de *Cara, foi divertido enquanto durou, vamos ver se ainda estão precisando de gente na cafeteria da esquina?*, eles sabiam que, quando uma porta se fecha, outra se abre, e buscaram outras maneiras de expandir. Começaram a fabricar leite maltado, xarope de malte, refrigerantes e cerveja sem álcool, mudaram o nome para Miller Products Co. e se agarraram à vida num período ultradifícil. Com esses novos produtos e alguns investimentos criteriosos que haviam sido feitos pela família proprietária do negócio, eles conseguiram se arrastar nos desérticos anos de seca, até chegarem à enorme festa que estava sendo dada do outro lado da Lei Seca.

Eles eram uma empresa que vendia álcool. O álcool foi proibido por lei. Eles tinham três alternativas: descumprir a lei, admitir a derrota ou mudar de rumo. Você precisa saber apenas que, se desejar alguma coisa, ela estará disponível. Manter esse desejo vivo e mais real que todos os "sinais" de que está na hora de jogar a toalha, acaba levando ao sucesso. Lembre-se: não cabe a você saber *Como*, isso é com a Inteligência Universal. A entrega é uma parte vital da tenacidade — que por sua vez não é uma questão de forçar tanto que você acabe enxotando exatamente aquilo que busca, mas de agir com determinação e, ao mesmo tempo, disponibilidade para os caminhos novos e virgens que o levem aonde deseja chegar. Manter-se no rumo implica fazer algumas curvas no caminho. A teimosia, a recusa de seguir o fluxo, vai levá-lo a uma vala, com um airbag na cara. Nunca desista, corrija o rumo se necessário e confie em que, se tiver o desejo, o Universo o apoia.

PARA ENRIQUECER

Sugestão de Mantra do Dinheiro (para dizer, escrever, sentir, apropriar-se):
Eu adoro dinheiro e não vou desistir até estar cercado de toda a riqueza que desejo.

1. Leia a biografia de alguém rico que seja inspirador para você.

2. Observe três hábitos nem tão bons que tenha e trace um plano para transformá-los em bons hábitos.

3. Frequente diariamente a academia espiritual. Que é que vai fazer todo dia para manter a frequência alta, a fé forte, a atitude mental sólida e a tenacidade inabalável? Qual é o livro de autoajuda que vai ler, a música que vai ouvir para se animar, as afirmações que vai escrever, e vai meditar, ouvir

meditações, escrever um diário, exercitar-se? Escolha alguma prática espiritual a ser cultivada rigorosamente todo dia para manter-se em forma. Mesmo que sejam apenas quinze minutos por dia, é algo crítico para o seu sucesso. A atitude mental é um músculo, e, exatamente como acontece com seus outros músculos, uma vez estando em forma você não para de se exercitar, precisa persistir se quiser continuar poderoso.

Preencha o espaço em branco:
Sou grato pelo dinheiro porque _____.

CAPÍTULO 13

A MUDANÇA GOSTA DE COMPANHIA

A minha família inteira vive a uma distância razoável de carro da cidade onde cresci, e da última vez que os visitei, meu irmão e eu decidimos dar um passeio pela alameda das lembranças. Caminhamos pela trilha que atravessa o bosque ao redor da nossa velha casa, entramos na rua em que vivemos a infância inteira e nos postamos diante da porta da antiga garagem. Tentamos sem sucesso encontrar os túmulos dos incontáveis membros da nossa família de animais há muito desaparecida, atualmente soterrados sob uma espessa camada de vegetação selvagem à beira da rua: Schmoo, Little Gus, Spooky, Happy, Bubbles, Phreen, Bathead, Mr. Squirrely Jones, para mencionar apenas alguns.

Passamos pela casa dos Roy, os vizinhos idosos que tinham piscina, inacreditavelmente parvos quando se tratava de entender indiretas, pois nem uma única vez nos convidaram, apesar dos longos momentos que passávamos juntos à cerca entre as duas propriedades, com roupa de banho, toalhas nas mãos, vendo-os nadar. Seguimos percorrendo as ruas da cidade, passamos pela escola do ensino médio onde levei um soco no estômago e fui chamada de "idiota gorda multiplicada ao infinito", por Ivan Scott, por tê-lo derrotado no jogo de bola, e voltamos ao bosque em direção à cidade vizinha, onde a trilha acabava desaparecendo no enorme terreno de um castelo. Esse castelo fora um dia residência de algum ricaço da turma que fundara a cidade, e agora era uma espécie de museu. Na infância, éramos levados lá o tempo todo em excursões da escola para ter aulas de história local com instrutores usando roupas antigas. Eles nos ensinavam a fazer coisas como preparar manteiga, lacrar uma carta ou usar sanguessugas em vez de aspirina. Na época, esse castelo parecia o maior, mais imponente e mais colossalmente gigantesco prédio do mundo. Mas, naquele momento, diante do meu irmão e de mim, parecia tão... bobinho. Na verdade, tudo no nosso passeio daquele dia parecia inacreditavelmente insignificante — nossa velha casa, o campo de esportes no quintal, até a droga da piscina dos Roy era menor. Estávamos achando aquilo incrível, e tudo fazia perfeitamente sentido, já que éramos tão menores na época. Mas, vamos e venhamos, o castelo também? Tudo bem que parecesse um pouco menor, mas daquele jeito era ridículo, pois afinal era um bendito castelo, precisava sustentar alguma grandiosidade! Será que estávamos deixando de ver alguma ala? Quem sabe se dermos a volta por aqui podemos ver... Não? Continuamos a avançar, buscando ao redor, convencidos de que devíamos estar diante apenas da portaria. Ou quem sabe a loja de souvenires... Mas depois de algum tempo constatamos que era aquilo mesmo, o gigantesco castelo da nossa juventude em toda a sua glória lilliputiana.

E é assim mesmo quando a gente também cresce na área da atitude mental — tantas coisas que um dia adquiriam enormes proporções não as adquirem mais. Por exemplo, tente lembrar-se de um enorme e consumidor medo que você superou e que hoje não passa de uma pobre lembrançazinha, se é que consegue recordar-se: o primeiro dia num novo emprego, a chegada do primeiro filho, o dia em que pediu divórcio ou pediu aumento ao patrão, aquela vez no colegial em que pegou o carro dos pais sem autorização, e teve de contar-lhes que entrou sem querer pela vitrine

A MUDANÇA GOSTA DE COMPANHIA

do supermercado ao perder controle enquanto comia amendoim no estacionamento. Na época, o desconforto foi tão intenso que você achou que ia explodir, e agora, rememorando esses medos, ficam parecendo uma grande bobagem.

Ao evoluir, é útil ter em mente que os medos e obstáculos aparentemente insuperáveis, enfrentados agora no seu caminho para o enriquecimento, tampouco passarão um dia de migalhas insignificantes escapulindo pelas fendas da sua memória: o medo de que focar em ganhar dinheiro seja uma labuta eternamente tediosa, a dúvida de que seja afinal capaz de um dia enriquecer honestamente, a preocupação com o que os outros podem pensar, o pavor de assumir os riscos necessários, todos aqueles sentimentos de não ser capaz e não prestar para nada. Em vez de afundar no drama, encare essas crenças limitantes pelo que são, *no momento em que as vivenciar*: puro faz de conta. Imagine-se olhando para trás e vendo-as lá do futuro, quando estiver nadando em dinheiro. Nesse tempo que ainda está por vir, você sabe perfeitamente que esses pensamentos e crenças inúteis não são a verdade, que dispõe do poderoso mindset capaz de desativá-los e que vão encolher lindamente.

Lembro que, na época em que trabalhava zelosamente na minha vacilante relação com o dinheiro, eu tinha uma enorme dificuldade de acreditar em toda essa história de mindset, ou atitude mental. Todo esse blá-blá-blá sobre pensamento positivo, fé, gratidão e consciência — sério, para enriquecer não podia bastar só isso. Imaginava que o processo de total transformação da situação financeira de alguém fosse mais parecido com o desafio do cubo mágico, ou pelo menos equivalente à dureza de fazer uma pós-graduação ou escalar uma montanha com uma criança crescida e grudenta nas costas. Mas dizer que uma decisão inabalável de enriquecer — uma decisão, nada mais, nada menos! — era praticamente a principal diferença entre a minha dureza e todas aquelas pessoas vivendo à larga e no comando? *Por quem me está tomando, uma otária?*

••••••••••••••••••••••••••••••••••••
A natureza facilita, nós dificultamos.
••••••••••••••••••••••••••••••••••••••

Naturalmente, existem quase sempre saltos ousados, aterrorizantes e radicais a serem dados no desconhecido para enriquecer, mas a grande transformação de fato acontece dentro da sua cabeça. E quero aqui frisar bem que *não é difícil*. Quase seria capaz de lhe assegurar que você já trabalhou com mais afinco em outras coisas na vida do que precisa trabalhar para se tornar fera nas finanças. Não estou dizendo que não terá de trabalhar duro, mas que minha vida com dinheiro é muitíssimo mais fácil do que um dia foi sem ele.

E fique sabendo agora qual é o incrível bônus dessa história de dominar o mindset, como se ficar rico já não fosse suficientemente incrível: quando você começa a mudar sua atitude mental e entrar no fluxo do dinheiro, sua energia muda e muitas outras partes da sua vida também. Quando transforma sua realidade financeira, não é apenas uma questão de ficar gostosamente apreciando os números aumentarem na conta bancária, mas saber em quem você precisou se transformar para que esse crescimento acontecesse. Precisou deixar para trás seus velhos modos de ser e tornar-se alguém que pensa grande, que considera mais interessantes as possibilidades do que encontrar desculpas, alguém que encara a carteira vazia, o currículo fracote e zero ideias sobre como diabos vai resolver essa, como meros soluços até engraçadinhos no seu caminho para a grandeza. Se é capaz de enriquecer, você pode qualquer coisa, pois não só é o tipo da pessoa que bota pra quebrar e faz acontecer, como está tudo interligado. As crenças limitantes que o impedem de ganhar dinheiro são o mesmo tipo de porcaria que não deixam aqueles dez quilos ir embora ou que o levam a sair com gente que não gosta de você ou que o deixam afogado em dúvidas e indecisão — a represa estourou, as comportas do ser fera se abriram e as suas crenças limitantes se revelaram as fraudes que realmente são.

É como quando você fica em forma depois de um grande surto de preguiça largada, e começa a comer melhor, caminha mais ereto, fica mais focado, mais feliz, mais confiante, mais energizado, mais paquerador, mais bem barbeado. Se quiser mudar de vida, mude de vida.

•••
Ser fera estabelece seu próprio nível.
•••

Gostaria de terminar lembrando que você não só dispõe dentro de você, neste exato momento, de tudo aquilo de que precisa para enriquecer, como tem o Universo a apoiá-lo e estimulá-lo, exatamente como faz com todos os outros seres vivos na natureza. É como quando você vê uma amiga que é simplesmente incrível, maravilhosa e talentosa e fica por aí preocupada por não saber o que está fazendo, duvidando da própria genialidade, reclamando de ter pouco queixo — e você fica com vontade de sacudi-la, acordá-la, criar uma apresentação em PowerPoint mostrando todas as suas características incríveis. Você fica empolgado de poder mostrar-lhe como ela é maravilhosa e adorável, quer muito mesmo que entenda que facilmente poderia fazer o que bem quisesse. Quer que ela veja em si mesma o que você vê. É assim que o Universo se sente a seu respeito e da sua luta com o dinheiro. O Universo está tendo um ataque do coração só de pensar em como você é incrível, que ele tem à sua disposição tudo de que você precisa para ficar rico, que está apenas esperando que você mesmo pare de se atrapalhar, pare de focar nas suas crenças limitantes e entre na farra da grana.

Vivemos num Universo abundante no qual todo o dinheiro de que precisa está à sua disposição. Assim que decidir enriquecer, mas decidir mesmo, de verdade, você se abre para os meios de fazer acontecer. Imagine como será surpreendentemente incrível quando você finalmente deixar nocauteada no chão esse monstro da luta financeira! Quando desafiar uma vida inteira de "verdades" sobre sua capacidade de fazer sucesso, seu valor, a perversidade do mundo do dinheiro! Imagine o alívio e a sensação de realização quando você e o dinheiro se tornarem velhos amigos de infância, entrando e saindo na vida um do outro, alegres por poderem apoiar um ao outro, trocando tapinhas nas costas! Você já fez o impossível antes — conseguiu aquele emprego para o qual não estava "capacitado", conseguiu a namorada ou o namorado, atravessou o país, comprou a casa, conseguiu recuperar as chaves que tinha deixado trancadas dentro do carro sem quebrar o vidro da janela. E também pode ficar rico. Você é poderoso e magnífico além de toda medida. Está aqui para atender aos seus desejos. Está aqui para desabrochar e se tornar a mais plena expressão da sua única, fantástica e inacreditável capacidade de ser o máximo. Está aqui para ser rico.

AGRADECIMENTOS

Este livro não teria acontecido sem todos os poderosos indivíduos feras que estão por aí corajosamente mudando de vida e melhorando o mundo. Obrigada por acreditarem em si mesmos e por acreditarem em mim. Obrigada ao meu agente, Peter Steinberg, pelos muitos anos de apoio, o constante fluxo de grandes ideias e a tranquila audácia. Obrigada à minha editora e companheira de nascimento, Laura Tisdel, por sua brilhante e hilariante percepção, a incansável liderança e a capacidade de pensar com objetividade no nono mês de gravidez. Obrigada a Tami Abts, Juli Curtis e Olive Curtis-Abts por cuidarem de Mokee e de mim. Obrigada à poderosa equipe da Viking: Lydia Hirt, Alison Klooster, Kristin Matzen, Jessica Miltenberger, Lindsay Prevette, Andrea Schultz, Kate Stark, Amy Sun, Brian Tart, Emily Wunderlich, Tess Espinoza, Jane Cavolina e Jason Ramirez. Obrigada à Downtown Subscription e aos meus colegas; todos os incríveis livreiros que ajudaram a espalhar a ideia; e aos meus adoráveis amigos e minha amável família, que diariamente me lembram como sou realmente rica.

Impressão e Acabamento:
GRÁFICA STAMPPA LTDA.